철학 콘서트

2

철학 콘서트 ❷

초판 1쇄 발행 2017년 2월 20일
초판 3쇄 발행 2022년 4월 29일

지은이 | 황광우

발행인 | 박재호
주간 | 김선경
편집팀 | 강혜진, 이복규
마케팅팀 | 김용범, 권유정
총무팀 | 김명숙

교정·교열 | 윤정숙
표지디자인 | 이석운, 김미연
일러스트 | 김동연
종이 | 세종페이퍼
인쇄·제본 | 한영문화사

발행처 | 생각정원
출판신고 | 제25100-2011-000320호
주소 | 서울시 마포구 양화로 156(동교동) LG팰리스 814호
전화 | 02-334-7932 **팩스** | 02-334-7933
전자우편 | 3347932@gmail.com

ISBN 979-11-85035-81-9 04100
ISBN 979-11-85035-79-6 (세트)

이 도서의 국립중앙도서관 출판시도서목록(CIP)은 서지정보유통지원시스템 홈페이지(http://seoji.nl.go.kr)와 국가자료공동목록시스템(http://www.nl.go.kr/kolisnet)에서 이용하실 수 있습니다.(CIP제어번호: CIP2017003537)

철학 콘서트

2

맹자의 혁명론에서 뉴턴의 만유인력까지
세상을 바꾼 사상가 10인의 역사적 순간들

황광우 지음

생각정원

철학을 절차탁마(切磋琢磨)하다

《철학 콘서트 2》에는 아픈 과거가 있다. 이 책을 쓰는 도중 나는 쓰러졌다. 아주 깊은 산속에서 한밤중에 쓰러진 탓에 새벽이 되어서야 겨우 병원에 실려갈 수 있었다. 할리우드 영화처럼 나의 몸은 헬기에 매달려 공중의 찬바람을 휘젓다가 마침내 지상에 착륙했다. 이후 오랜 시일 나의 오른손과 오른발이 움직이지 않았다. 말도 어눌했고 머리도 멍했다.

예민한 독자라면 《철학 콘서트 2》가 두 가지 이질적인 글들로 구성되어 있음을 금방 알아차렸을 것이다. 〈코페르니쿠스〉와 〈갈릴레이〉, 그리고 〈뉴턴〉 편은 쓰러지기 이전인 2006년 작성된 글이다. 논리적이고 힘찬 글이었다.

쓰러진 지 1년 후 피타고라스와 아리스토텔레스에 대해 끄적거리기 시작했다. 머리가 멍한 것도 힘들었지만 손놀림이 더딘 것이 더욱 괴로웠다. 사고의 속도는 글쓰기의 속도에 의해 결정된다. 왼손으로 자판을 더듬거리니, 생각도 더듬거리는 것이다. 《철학 콘서트 2》는 이런 신체적 악조건 위에서 쓰인 글이다.

어느 날이었다. 아킬레우스의 분노를 저지하러 하늘에서 내려온 아테나 여신이 나의 뇌리에서 번쩍였다. 칼을 빼들어 아가멤논을 푹 쑤셔버리려 했던 아킬레우스, 아킬레우스의 머리채를 잡아당기는 아테나의 출현은 동시적 현상이었다. 그것은 인간의 마음에서 늘 벌어지는 대립물의 공존이요, 일종의 양자론적 현상이었다. 그해 가을 나는 《철학 콘서트 2》를 마무리하기 위해 떠났다. 이스탄불과 트로이, 아테네와 로마를 둘러보았다. 그렇게 작성된 글이 〈호메로스〉 편이었고 〈무함마드〉 편이었다.

세월이 지나 다시 보니 부끄러운 곳이 한두 군데가 아니었다. 〈아리스토텔레스〉 편과 〈시경〉 편을 어렵게 집필했는데, 다시 보니 무척 부끄러운 글이었다. 2016년 그 무덥던 여름, 나는 《시경》을 다시 통독했다. 자르고 붙이고, 쪼고 다듬길 수십 번 했더니 이제 제법 볼 만하다.

《일리아스》와 《시경》을 이만큼이라도 안내할 수 있어 흐뭇하다. 그 방대한 아리스토텔레스의 저작들을 간명하게 중개할 수 있어 다행이다. 무엇보다도 코페르니쿠스와 갈릴레이와 뉴턴의 사유를, 그 사유의 정곡을 전할 수 있어 나는 이 책이 자랑스럽다.

2017년 1월 31일

빛고을에서 **황광우**

우리 시대를 만든 10인의 사상가를 만난다

내가 호메로스를 처음 만난 것은 중학교 1학년 때였다. 그 시절 '고전 읽기 자유교양대회'라는 게 있어 아무것도 모르는 까까머리 중학생이 감히 《일리아스》와 《오디세이아》를 붙들었다. 《오디세이아》는 흥미진진하게 읽었으나 《일리아스》는 뭐가 뭔지 도무지 알 수 없었다. 이후에도 여러 차례 《일리아스》의 정상 등정에 도전했으나 그때마다 눈꺼풀이 무거워 등정을 포기했다. 《일리아스》는 수면제였다. 싸움터에 등장하는 무수한 영웅들의 이름을 보며 기가 질리지 않은 사람은 없을 것이다.

《철학 콘서트 1》이 큰 호응을 얻은 후 많은 질문을 받았다. 특히 예수나 애덤 스미스, 마르크스 등이 '철학자'인지 묻는 질문이 많았다. 이번 《철학 콘서트 2》에 호메로스가 등장한다는 사실에 자못 당혹해하는 독자들이 있을 것이다. "시인을 철학자의 반열에 왜 올려놓았어?" 하고 항변하는 모습이 그려진다. 그렇다. 호메로스는 시인이다. 그러나 이 시인의 작품 속에 열린 철학의 열매는 플라톤의 《국가》에서 따 먹을 수 있는 과일 못지않게 풍성하다. 호메로스는 그 어떤 철학자보다 더 위대한 '철학적 시인'이다.

마찬가지로 코페르니쿠스가 《철학 콘서트 2》에 등장하는 것을 마뜩잖게 여기는 분들도 있을 것이다. 고교 시절부터 인문학과 자연과학이 서로 담을 쌓고 살아야 하는 우리의 교육 풍토는 철학과 과학의 소통에 대해 회의적인 생각을 품게 한다. 그런데 인간 정신의 발전 과정에서 코페르니쿠스만큼 혁명적인 변화를 가져온 이가 또 있는가? 공자가 플라톤을 만난다면 서로의 철학적 성취를 놓고 갑론을박할 수 있겠으나 코페르니쿠스의 발견 앞에서만큼은 고개를 숙일 수밖에 없다.

"철학은 군중의 판단 너머에 있습니다." 코페르니쿠스가 《천구의 회전에 관하여》 서문에서 한 말이다. 여기에서 말하는 철학은 아리스토텔레스의 《형이상학》이나 칸트의 《순수이성비판》에서 전개되는 철학이 아니라 피타고라스가 사용한 지혜, 즉 '소피아(sophia)'로서의 철학이다. 세계가 어떻게 운동하는지, 자연 속에 숨은 질서를 찾는 '자연철학'은 근대 철학의 토대다. 자연철학을 빼놓고 철학을 이야기한다면 철학은 공상가들의 지적 유희에 불과할 것이다.

《철학 콘서트 2》는 특히 사상의 혁명을 이끈 주역들에 주목했다. 아리스토텔레스는 스승 플라톤이 만든 '이데아의 제국'에 반기를 들고 철학을 하늘에서 땅 밑으로 끌어내린 혁명적 사상가였다. 코페르니쿠스-갈릴레이-뉴턴으로 이어지는 과학혁명 3인방은 알고 보면 아리스토텔레스라는 거인에 맞서 싸운 이들이었다. 아리스토텔레스가 제시한 지구중심이론을 태양중심이론으로 돌려놓기 위해 세계사는 세 명의 용감한 사상의 투사를 보낸 것이다.

한편 사회혁명의 주역도 있다. 무함마드, 그는 누구인가? 한 손에 《꾸란》(코란)을 들고 다른 한 손에 칼을 든 채 서아시아와 아프리카를 휩쓸고 다닌 정복자였던가? 플라톤은 이상국가의 청사진을 그렸으나 이상국가의 건설에는 실패했다. '이상국가'를 세우고 공동체적 삶의 양식을 정착시키면서 인간과 신의 소통을 이끈 사람은 무함마드다. 15억의 인류는 오늘도 무함마드의 가르침에 따라 '기도하라'는 〈아잔〉의 호소가 들려오면 신 앞에 기도하며 자비를 실천한다.

보편적인 인류애, 이웃과 더불어 사는 공동체의 삶은 중국에서도 위대한 현자들의 사상으로 응결되었다. 언제부턴가 우리는 고리타분한 훈계를 두고 '공자 왈 맹자 왈'이라 놀려왔다. 그러나 공자와 맹자는 그렇게 답답하고 케케묵은 인물이 아니었다. 사랑에 울고 웃는 청춘 남녀의 이야기, 그들의 절절한 사랑 노래를 공자가 편집했다는 사실을 알고 있는가? 중국 최고의 시가집 《시경》의 주인공은 이름 없는 민중이요, 《시경》의 내용은 노동하는 사람들의 남녀상열지사다. 《시경》을 해설한 이가 주희(朱熹)라면 주희의 《시집전》을 뒤집어엎고 《시경》 해설의 또 다른 경지를 개척한 이가 정약용이었다.

인의예지와 오륜(五倫)의 주인공은 맹자다. 맹자는 공자의 후예지만 스승을 넘어선다. 군주의 덕에 의존하여 태평성대를 꿈꾸던 유가의 소극적인 사고를 깨고 여민동락과 역성혁명을 주창한다. 독자들은 군주 위에 백성을 두었던 급진적인 민본사상가를 맹자에게서 만나게 될 것이다.

정도전은 맹자의 제자였다. 그는 이성계와 더불어 역성혁명을 도모한다. 그리고 다시 한 세대 후, 플라톤의 철인왕이 조선에 출현한다. 세종이다. 백성을 사랑하는 애민정신과 만물의 원리를 탐구하는 과학정신이 만나 마침내 세계에서 가장 위대한 언어가 탄생한다. 훈민정음은 인간 언어의 특성을 과학적으로 탐구한, 언어 역사상 가장 위대한 성취다. 서구 계몽주의를 대표하는 볼테르는 철인왕이 동양에 있었음을 뒤늦게 알고 동양을 부러워했다고 한다. 플라톤의 꿈은 조선 땅에서 이루어졌다.

"철학은 미지(未知)의 것에 대한 가설적 해석이다. 철학은 최전방의 참호이며, 과학은 안전한 후방이다"라고 윌 듀런트는 말한다. 철학은 지식의 최전선에 서서 진리를 캐나가는 학문이다. 따라서 모든 철학자는 혁명가다. 그 어떤 권위도 거부한 채 끊임없이 진리만을 향해 나아가는 사람, 그 모든 사유의 집이 주는 안정을 포기하고 새로운 항해에 나서는 사람, 그가 바로 철학자다. 신의 말씀을 통해 새로운 세상을 만든 무함마드나 백성의 말을 통해 새 시대를 열려 했던 세종이 다를 게 없다. 시대를 끌어안고 온몸으로 고뇌한 이들, 새로운 삶의 양식과 언어를 창조한 사상의 혁명가들, 그들이야말로 진정한 '철학자들'이었다. 이번 콘서트에서 세계를 창조해가는 철학의 의의를 다시 새겨보길 바란다.

원고를 집필하면서 남모르는 애로가 많았다. 너무 모르고 살았다. 호메로스의 작품을 이렇게나마 해설하게 되어 기쁘고, 맹자와 아리스토텔레스의 방대한 저작들을 이나마 간추려 전할 수 있게 된 것, 행복하다. 피타고라스는 자료가 없어 힘들었고 코페르니쿠스를 비롯하여 갈릴레이와 뉴턴은 공부 자체가 버거웠다. 《시경》의 경우엔 한문이라는 거대한 벽이 있었다. 무엇보다도 2년 전 겪은 불의의 사고로 '사유의 작업'이 힘들었다. 늘 힘내라고 격려해준 지인들께 감사하며, 원고의 출산을 도와준 편집부 식구들께 감사한다.

2009년 1월 11일
빛고을에서 황광우

차례

Chapter 1

플라톤은 왜
호메로스를 질투했을까

호메로스
Homeros

지난 2500년간 서양사를 이끌어온 한마디는 무엇이었을까? 바로 "아니요"라는 부정의 말이었다. 부정은 자유인의 권리이자 미덕이다. 부정의 정신은 모든 권위에 맞서고 대든다. 저항하고, 투쟁하며, 창조한다. 아리스토텔레스는 플라톤을 부정했다. 다시 갈릴레이가 아리스토텔레스를 부정한다. 이제 뉴턴이 나와 갈릴레이를 넘어선다. 그렇게 근대과학이 완성된다. 하지만 그것이 끝은 아니었다. 아인슈타인은 '중력은 없다'며 뉴턴을 뒤엎어버렸고 양자론자들이 아인슈타인을 부정해버린다. 지금도 부정의 역사는 계속된다. 그렇게 역사 발전의 원동력이 되어온 부정의 원조는 호메로스였다. 호메로스는 절대 권위에 저항하고 가혹한 운명에 맞서는 서구 정신의 초석을 놓는다.

"한 권의 고전 속에 내장된 가치를 인류가 발견하기까지 수백 년의 세월이 걸렸다"는 글귀를 읽고서 그 의미가 무엇인지 이해하기까지 나에겐 또 수십 년의 세월이 걸렸다. '인생이란 이런 것이여!' 지천명(知天命)의 나이라고들 하는 오십의 고개에 이르러서야 그 '내장된 가치'가 무엇인지 조금 알 듯하다.

《논어(論語)》는 공자의 어록이다. 동시에 이 고전은 공자의 선대들이 수백 년의 세월 동안 이룬 정신적 성취의 보물단지다. 마찬가지로 플라톤의 《국가》는 플라톤의 선대들이 수백 년의 세월 동안 이룬 정신적 성취의 보따리다.

《국가》에서 플라톤은 엉뚱하게 '시가 검열제'를 주장한다. 플라톤은 왜 '이상국가'에서 시인들의 작품을 엄격히 검열해야 한다고 말했을까? 그 이름, 호메로스가 빠지면 아예 《국가》라는 저작이 성립하기도 힘들 만큼 시인의 시를 수백 번 인용하고서 정작 '시인들은 믿을 게 못 된다, 언제 사고 칠지 모르니 감시 잘하라'며 시인을 의심한 플라톤의 속내는 무엇이었을까?

수백 년 동안 그리스의 아이들은 호메로스의 작품들을 암송하면서 전설적 인물들의 언행을 통해 그리스인의 세계관을 배우며 자랐다.

호메로스가 그린 영웅들의 자질들을 계발하는 것, 이것이 그리스인의 교육 목표였다.

미국의 세계사 교과서에 나오는 말이다. 또 시인 포프는 "호메로스의 작품은 모든 종류의 씨앗을 담고 있는 못자리와 같다. 사람들은 거기서 원하는 식물을 고르기만 하면 되었다"고 말했다. 또 철학자 베이컨은 이렇게 말했다. "카이사르가 로마 군대에게 준 그 막대한 금품도 호메로스가 인류에게 준 선물에는 미치지 못한다."

《일리아스》는 고대 그리스인들의 교과서였다. 《일리아스》는 인간이란 어떤 삶을 살아야 하는지 가르쳐주는 '인생 독본'이었다. '시가의 검열'을 제창한 플라톤의 심리 이면에는 호메로스의 꺼지지 않는 인기에 대한 불같은 질투심이 있지 않았을까?

분노하는 아킬레우스

"파렴치하고 교활한 자여, 누가 당신 말에 복종하겠소? 내가 이곳에 온 것은 오로지 당신 동생 메넬라오스의 원수를 갚아 당신을 기쁘게 해주기 위함이었소. 그런데 당신은 이런 사실도 잊고 내 명예의 선물을 빼앗아가겠다고 위협하다니!"

《일리아스》는 으르렁거리는 두 영웅의 싸움으로 시작한다. "파렴치하고 교활한 자"로 비난받는 이는 그리스 연합군의 총사령관 아가멤논이고 아가멤논을 '파렴치한 자'로 몰아붙인 이는 여신 테티스의 아들 아킬레우스다. 그리스군의 대장이요, 사실상의 왕인 아가멤논에게 삿대질을 한 이는 아킬레우스였다.

전쟁을 개시한 지 10년이 다 되도록 트로이를 함락하지 못한 것은 아가멤논 혼자의 책임이 아니었다. 그것은 아킬레우스를 포함한 모든 그리스 영웅의 공동 책임이다. 역병이 돌았다고 한다. 느닷없는 전염병으로 그리스 병사들이 픽픽 쓰러져가는 것 역시 아가멤논 개인의 책임이 아니었다. 그런데 점쟁이 칼카스의 혀를 빌려 사태의 책임이 아가멤논에게 있다고 추궁한 이는 아킬레우스다. 아가멤논이 제사장의 딸 크리세이스를 풀어주지 않고 욕보이고 있는 것이 사태의 발단이라는 것이다.

아가멤논은 아킬레우스의 요구를 순순히 들어준다. 즉시 크리세이스를 배에 태워 아버지에게 보낸다. 이는 그리스군 공동의 승리를 위해 자신의 사적 이익을 포기한 행위다. 그렇다면 문제 제기의 당사자인 아킬레우스도 그에 상응하는 희생을 보여주어야 할 것이다. 그리하여 아가멤논은 아킬레우스의 전리품이었던 미녀 브리세이스를 내놓으라고 한다. 아킬레우스에게 일침을 놓을 필요가 있었다.

그런데 아킬레우스의 입장에서는 억울했다. 아킬레우스는 12개 도시를 점령하면서 그 많은 보물을 아가멤논에게 바쳤고 아가멤논은 안전한 후방에서 보물을 받아 챙겼다. 그런데 자신의 애첩 브리세이스를 내놓으라고? 이 도둑놈! 순간 아킬레우스의 심장 속에 뜨거운 피가 흘렀다.

분을 삭이지 못해 씩씩대는 아킬레우스. 그는 아가멤논을 주정뱅이이자 겁쟁이라고 비난하고는 헥토르가 그리스군을 도륙해도 절대로 나서지 않겠다고 선언한 후 자리를 박차고 일어선다.

대단하다. 왕에게 주정뱅이라니. '주정뱅이'는 아가멤논의 일상을 사실적으로 묘사한 언어라고 하자. 그러나 '겁쟁이'라는 표현은 참을 수 없는 모독이다. 지금 아가멤논은 왕이나 다름없는 대장이고 아킬레우스는 일개 장군이다. 일개 장군이 상관에게 '겁쟁이'라고 욕했다면 볼 장 다 본 셈이다. 하지만 희한하게도《일리아스》동네에선 별 이변이 없다. 언제든, 누구에게라도 삿대질하고 대들고 치고 다투는 것이 저들의 관례였던가?

누구 앞에서든 '아니다'라고 말하는, 이 거침없는 자유의 용사, 이것이 호메로스가 그려내고 있는 영웅의 모습이다. 강자의 횡포 앞에 무릎을 꿇는다면 그것은 노예다. 무릎 꿇고 사느니 차라리 죽음을 선택하는 것, 이것이 영웅의 기개다.

그리스의 아이들은 호메로스의 작품들을 암송하면서 호메로스가 그린 영웅의 모습을 모방하고자 했다. 아킬레우스의 이 호쾌한 모습이 바로 그것이다. 영웅은 투쟁한다. 그리고 정복한다.

만일 호메로스의 서사시가 그리스인의 가치관과 특성에 영향을 미쳤다면 아가멤논의 부당한 요구에 굴하지 않고 거침없이 대항하는 아킬레우스의 모습이 그 예일 것이다. 불의 앞에서는 목에 칼이 들어오더라도 맞서라. 부정(negation)은 자유인의 권리이자 덕목이다. 철학의 자유를 포기하면 방면시켜주겠다는 아니토스의 제안을 비웃어버린 소크라테스의 선택에도, 알고 보면《일리아스》가 있었다고 볼 수 있다.

부정의 정신은 모든 권위에 맞서고 대든다. 저항하고, 투쟁하며, 창조한다. 아리스토텔레스는 플라톤을 부정했다. 다시 갈릴레이가 아리스토텔레스를 부정한다. 이제 뉴턴이 나와 갈릴레이를 넘어선다. 근대과학이 완성된다. 그렇게 과학의 역사는 종국에 이르렀던가? 아니다. 아인슈타인은 '중력은 없다'며 뉴턴을 뒤엎어버렸고 양자론의 과학자들은 다시 아인슈타인을 부정해버린다. 부정의 부정. 지난 2500년간 서양인들이 보여준 정신사의 특성이다. 부정의 정신이 서양 정신의 한 특질이라면 부정의 원조는 호메로스였다.

재산보다 소중한 것, 명예

트로이전쟁은 약탈 전쟁이었다. 빛나는 문명의 도시 트로이의 보물을 강탈하려는 그리스인들의 강도짓에 다름 아닌 것이었다. 우리로 치면 왜구의 노략질이었다.

그리스인들은 낯이 뜨거웠을까? 신화를 빌려 범죄행위의 불가피성을 미화한다. 이때 등장하는 여신이 불화의 여신 에리스다. 에리스는 테티스의 결혼 축하연에 초대받지 못한 것에 앙심을 품었다. 그래서 결혼식장에 황금 사과 하나를 던져놓고는 이렇게 단서를 붙였다. "세상에서 가장 아름다운 여인만이 이 황금 사과를 가질 자격이 있어요." 역시 이간질의 대가였다.

미에 대한 여인의 집착만큼 무서운 게 있을까? 아프로디테와 헤라와 아테나가 다투어 미인 콘테스트에 참여한다. 콘테스트의 심판관은 파리스다. 순진한 젊은이가 신들의 놀음에 끼어든 것이다. 총대를 메는 것이 아니었는데…….

아프로디테는 심판관 파리스에게 선물을 약속한다. '아름다운 여인을 줄 테니, 나를 미스 그리스 진으로 뽑아다오.' 결국 황금 사과를 차지한 아프로디테는 약속대로 메넬라오스의 부인 헬레네의 마음을 움직여 젊은 왕자 파리스와 바람을 피우게 했고, 급기야 그들은 메넬라오스의 보물까지 챙겨 트로이로 도망쳤다.

아프로디테에게 밀린 헤라와 아테나는 복수를 시작한다. 헤라와 아테나는 그리스 진영을 돕고 아프로디테는 트로이 진영을 돕는다. 이리하여 신들의 뜻에 의해 트로이전쟁이 일어났다는 것이다.

전쟁은 고대인들의 삶이었다. 전쟁은 고대인이 수행한 일종의 기업행위였다. 아가멤논은 호소한다. "그리스군이여, 무려 9년 동안 이곳에 머물렀으니 귀향하고 싶은 마음이 들 것이다. 그러나 빈손으로 돌아가는 것은 치욕이 아닌가?" 그리스인들은 자신의 욕망에 솔직했다. 그들이 수행한 전쟁의 목적은 전리품에 있었다. 그런데 전리품보다 더 소중한 것이 있었다. 다시 아가멤논과 아킬레우스의 싸움으로 돌아가자.

그리스 진영의 원로 네스토르가 아가멤논에게 충고한다. 아킬레우스를 달래야지 저렇게 삐치게 만들면 안 된다는 것이다. 아가멤논도 후회했다. 그는 아킬레우스가 마음만 돌린다면 적잖은 보물을 주겠노라 선언한다. 세발솥 일곱 개와 황금 10탈란톤, 가마솥 20개와 말 12필, 그리고 공예에 능한 일곱 명의 여인을 화해의 선물로 보내겠다고 공언했다. 브리세이스를 돌려주는 것은 당연하다. 그녀에게는 손끝 하나 대지 않았다는 말도 잊지 않았다.

뿐만이 아니었다. 아가멤논은 아킬레우스가 트로이를 함락해주기만 하면 더 많은 선물을 주겠다고 약속했다. 한 배 가득 황금과 청동을 실어주고, 자신의 세 딸까지 줄 것이며, 도시 일곱 개를 주겠다는 것이다. 주위의 장수들은 너무 양보하는 것 아니냐고 힐난하기까지 했다.

이 정도면 모르는 척 아가멤논의 호의를 받아들이는 게 인지상정이다. 없었던 일로 하자. 하지만 아킬레우스는 아가멤논이 제시한 엄청난 보물도, 자기 딸과 결혼시켜주겠다는 제안도 코웃음으로 일축했다. 거기엔 이유가 있었다. 바로 다음과 같은 아가멤논의 말 때문이었다.

내 앞에 고개 숙이도록 하라.
내 앞에 엎드리도록 하라!
나는 위대한 왕이다.

내가 나이를 먹어도 더 먹었고
내가 더 위대한 남자다.

복종하라는 통고였다. 아가멤논은 아킬레우스에게 많은 선물을 약속했지만 여전히 아킬레우스의 명예를 존중하지 않았다. 화려한 보물 목록은 자기의 위신을 과시하기 위한 장식물이었을 뿐이다. 아킬레우스는 전리품에 눈먼 전사가 아니었다. 그는 명예를 위해 살고 명예를 위해 죽는 용사였다. 자존과 긍지의 사나이 아킬레우스에게 재산보다 소중한 것은 명예였다.

아킬레우스는 넘어가지 않았다. 아가멤논에게 사죄하는 빛이 없었기 때문이다. 보물은 모욕이었다. 황금, 말, 여인……. 그에게 필요한 것은 선물이 아니었다. 딸을 주겠다는 제언 역시 왕이 신하에게 하던 것 아닌가? 진심의 사죄도 없고 명예의 존중도 없었다. 다만 또 다른 복속만이 있을 뿐.

보물들, 구역질 난다.
그가 나에게 열 배, 스무 배를 더 줄지라도
그가 가지고 있는 모든 것을 줄지라도
세상 끝까지 부을 수 있는 모든 것을 줄지라도
가장 위대한 보물더미로 넘쳐나는
이집트인의 테베로 실리는 모든 부를 줄지라도
아니, 땅 위의 모든 모래알과 먼지보다 많은 보물을 줄지라도 아가멤논은 나의 투지를 되돌릴 수 없다.
이 찢어지는 분노를 달래지 않는 한.

그 어떤 재물로도 살 수 없는 영웅의 마음, 그것은 긍지였다. 아가멤논에게 마음의 상처를 입은 아킬레우스는 전쟁터의 후미에서 구경만 했다. 살아서 고향에 돌아가면 그는 아버지 펠레우스의 왕위를 이어받게 되어 있었다.

사태의 역전은 파트로클로스의 죽음에서 비롯되었다. 사랑하는 전우 파트로클로스가 헥토르의 창에 죽자 아킬레우스는 참지 못한다. 일어선다. 아킬레우스는 신이 짜놓은 자신의 운명을 알고 있었다. 적장 헥토르와 일전을 치르면 헥토르를 죽이는 데에는 성공하지만 이어 자신도 죽는 것이 신들이 짜놓은 운명의 각본이었다. 어머니 테티스는 아들 아킬레우스에게 이 운명을 알려주면서 제발 싸움터에 나가지 말라고 만류했다. 어머니 테티스의 만류에도 불구하고 아킬레우스는 선언한다. '짧게 살되 오래도록 남는 명성'을 택하겠노라.

"어머니, 이제 저는 나가겠어요! 제 죽음의 운명은 언제든 받아들이겠어요. 헤라클레스도 죽음의 운명을 피하지 못했잖아요. 오래 사느니 짧게 살되 탁월한 명성을 얻고 싶어요. 그러니 제 출전을 모정(母情)으로 막지 마세요."

세상을 보는 인간의 눈

호메로스가 살았던 당시의 사람들은 모든 것이 신들의 뜻에 의해 결정된다고 보았다. 트로이전쟁이 터진 것도 신의 장난이요, 트로이가 몰락하는 것도 신이 정해놓은 운명이다. 며느리 헬레네 때문에 도시 전체가 존폐의 위기에 내몰렸음에도 헬레네의 시아버지 프리아모스는 며느리를 탓하지 않고 다독거린다.

"이리 오너라, 아가! 네게는 잘못이 없다. 잘못은 신들에게 있다."

《일리아스》의 제1권 '아킬레우스의 분노'는 이렇게 시작된다. "어떤 신이 그들을 그처럼 격렬한 싸움으로 내몰았는가?" 아가멤논이 브리세이스를 요구하여 아킬레우스를 격분시킨 것도 신의 뜻이요, 테티스의 간청으로 제우스가 그리스군의 패배를 유도한 것도 신의 뜻이요, 헥토르에게 파트로클로스가 죽는 것도 신의 뜻임을 명확히 밝히고 있다.

그리스의 신들은 인간사에 일거수일투족 개입하여 자신의 의지를 관철해나가는 것으로 묘사된다. 심지어 지상에서 벌어지는 그리스군과 트로이군의 대결이 올림포스에서 벌어지는 신들의 대리전이 아닌가, 착각이 들 정도다. 인간은 신들이 갖고 노는 장기판의 말(馬)인가? 호메로스는 《일리아스》를 통해 복잡한 인간사가 다 신의 뜻과 인간의 의지가 부딪혀 연출되는 것임을 보여준다.

사랑 때문에 가슴앓이를 해본 사람은 알 것이다. 사람의 마음이 얼마나 자주 변하던가. 밤새워 번민하여 이별을 결단해놓고도 헤어지기 위해 만난 연인의 얼굴에 다시 돌아서는 게 사람의 마음이다. 눈꺼풀에 무엇이 씌어 이상한 결정을 하는 경우도 있다. 고대 그리스인들은 이렇게 설명하기 힘든 인간 심리의 미묘한 변화도 신들의 개입으로 풀이했다.

아킬레우스가 칼을 뽑아 아가멤논의 목을 치려 할 때 막을 수 있는 사람은 아무도 없었다. 폭발하는 거인의 분노를 누가 막겠는가? 이때 홀연 아테나 여신이 나타나 치켜든 분노의 칼을 거두게 한다. 호메로스는 이렇게 묘사한다.

> 그가 본능적으로 칼집에서 칼을 뺄 찰나, 하늘에서 아테나가 급히 내려와 아킬레우스 뒤에서 그의 금발을 잡아당겼다. 황급히 고개를 돌린 아킬레우스는 다른 사람의 눈에는 보이지 않지만 아테나 여신임을 알아차리고 행동을 멈추었다.

아테나는 말한다.

> "나는 너의 분노를 진정시키려고 하늘에서 왔다. 너희 두 사람을 똑같이 사랑하는 헤라 여신이 보내신 것이다. 그러니 말다툼을 멈추고 칼을 빼지 마라. 아가멤논을 말로만

꾸짖도록 하여라. 그러면 네가 받은 모욕을 세 배 많은 선물로 보상 해주겠다."

아킬레우스가 현장에서 아가멤논을 죽이지 않은 것은 아테나가 머리를 잡고 막았기 때문이다. 인간의 행동이 신에 의해 결정되는 순간을 묘사한 문장을 보면 호메로스의 의도는 지극히 미묘하다. 아킬레우스가 칼을 뽑아든 순간 아테나가 그의 머리를 잡는데, 칼을 뽑기 전 그는 고민했을 것이다. '아가멤논 이거, 죽여? 참아?' 그때 아테나가 온다. 재미있는 것은 아테나가 명령이 아닌 설득의 언어를 사용한다는 것이다.

"나는 너의 분노를 저지하고자 하늘에서 내려왔다. 만일 네가 동의만 해준다면."

호메로스는 신의 뜻에 의해 세계가 움직인다는 그리스인의 오랜 신념을 정면으로 거부하지 않았다. 트로이전쟁의 시작과 끝은 신의 뜻에 의해 결정된다. 하지만 신의 뜻은 일방적으로 실현되는 주문이 아니다. 신의 뜻은 인간에 의해, 인간을 통해, 인간을 거쳐 실현된다.

호메로스는 신의 섭리가 인간의 의지를 매개로 실현된다는 생각을 갖고 있었음이 분명하다. 그리스의 신들은 자신의 의지를 관철하기 위해 부지런히 인간의 행동에 개입해야 했다. 아킬레우스를 저지시키는 아테나는 어떤가? 세상은 신의 의지대로 결정되는 것이 아니라 인간의 동의에 의해 관철되는 것임을 명확히 보여주지 않는가?

모든 사건은 신과 인간의 소통 속에서 결정된다. 아폴론이 그리스군에게 역병을 보낸 것은 그의 사제 크리세스가 딸을 구해달라고 기도했기 때문이요, 제우스가 밤새 고민하여 아가멤논에게 거짓 꿈을 꾸게 한 것은 복수를 원한 아킬레우스의 요청으로 어머니 테티스가 제우스 앞에 엎드렸기 때문이다. 아킬레우스는 헥토르의 시신을 아버지 프리아모스에게 넘겨주는 관용을 베푼다. 신들의 합의가 아킬레우스에게 전달되었기 때문이다.

인간은 신의 뜻에 따라 움직이는 장기판의 말이 아니다. 인간은 신의 뜻을 따를 수도 있고 반항할 수도 있는 독립적 존재다. 신의 뜻은 그냥 실현되는 것이 아니다. 신의 뜻이 이루어지려면 인간의 손을 빌려야 한다. 또 인간은 신과의 대화를 통해 자신의 뜻을 전할 수 있다. 호메로스는 도처에서 인간을 신과 대등한 지위로 끌어올리고 있다. 호메로스의 세계는 신과 인간의 합작에 의해 연출되는 세계였다.

사랑하는 벗, 파트로클로스가 헥토르의 손에 죽자 절망에 빠진 아킬레우스는 땅바닥에 드러누워 머리를 쥐어뜯으며 괴로워한다. 아킬레우스는 헥토르를 죽여 원수를 갚기 전에는 고향에 돌아가지 않겠다고 어머니에게 다짐한다. 테티스는 아들이 헥토르를 죽이면 그다음에는 아들이 죽을 것이라는 신탁을 떠올리며 슬픈 표정을 짓는다. 하지만 아들은 죽음을 무릅쓰고라도 친구의 원수를 갚겠다고 말한다.

"이제 저는 헥토르와 맞서고자 싸움터로 나가겠어요. 저도 헤라클레스와 같은 운명이라면 피하지 않겠어요."

테티스는 알고 있었다. 아들이 트로이전쟁에서 살아남아 고향으로 돌아가면 여생을 평화롭게 살겠지만 헥토르와 싸워 그를 죽이면 다음 죽음의 차례는 아킬레우스라는 것을……. 하지만 신도 어찌하지 못하는 것이 인간의 결단이다. 인간 운명의 궁극적인 결정권은 인간에게 있다. 이 자유의지의 옹호야말로 호메로스가 그리스인들에게 물려준 또 하나의 정신적 유산일 것이다.

세계가 초자연적인 존재의 뜻에 따라 움직인다는 종교적 사고에서 벗어나 세계를 구성하는 보편적 물질을 찾아 철학 여행에 나선 이는 탈레스였다. 그는 세계는 물이라고 했다. 그의 제자 아낙시메네스는 공기라고 했다. 헤라클레이토스는 불이라고 했다. 정답이 중요한 게 아니다. 사고하는 방식이 중요하다. 인간의 눈으로 세계를 보기 시작했다는 것, 이것이 그리스 자연철학의 성취라면 그리스인들에게 그 '인간의 눈'을 보여준 이는 호메로스였다.

사실적인, 너무나 사실적인

나는 비숍의 《조선과 그 이웃 나라들》을 좋아한다. 1894년 조선을 방문한 그녀의 기록은 좀체 들을 수 없는 조상들의 삶의 자취를 전한다. 그녀의 문체가 전하는 생동감은 그 어떤 문학적 표현보다 더 감동적이다. 어느 날 책의 서문을 뒤적이다가 다음 글귀에서 내 눈이 한참을 멈추었다.

정확성은 나의 제일의 목표였으며…….

참으로 우리가 배워야 할 영국의 지성이다. 정확히 묘사한다는 것은 대상에 대한 애정 없이 불가능하다. 동시에 냉정해야 한다. 애정과 냉정을 동시에 발휘한다는 것은 모순된 일이다. 나는 비숍의 정확성이 19세기 유럽을 풍미한 실증주의 사조에 기인한 것이라고 생각하기도 했고 영국 경험주의의 전통이라고도 생각했는데, 《일리아스》를 읽어보니 정확성의 원조는 따로 있었다.

토아스가 페이로스를 추격하여 창으로 가슴속 허파를 관통한 다음
칼로 그의 배를 내리쳐 목숨을 빼앗았다.
군용 벨트를 착용한 등을 직각으로 쑤셨다.
두 가슴판을 잇는 황금 버클을 뚫고 배꼽 밖으로 창끝이 나왔다.
세상이 깜깜해지면서 비명을 지른다. 창자를 붙들고 등을 구부린 채
고꾸라졌다.

마치 영화의 한 장면을 보는 것 같은 묘사다. 아킬레우스와 헥토르의 대결 장면으로 옮아가자. "아킬레우스의 오른손에 들린 창이 번쩍이며 날더니 헥토르의 목을 관통했다. 헥토르가 고꾸라지자 아킬레우스는 파트로클로스를 죽일 때 이런 날이 올 줄 몰랐느냐며 개 떼나 새 떼의 밥으로 만들어주겠다고 외쳤다. 비트적거리던 헥토르는 제발 몸값을 받고 자기 시신을 트로이 성의 부모님께 돌려보내 달라고 사정했다."

그러나 아킬레우스는 냉혹하다. "이 개 같은 자식아, 나에게 애원하지 마라. 네가 한 짓을 생각하면 너무 분하고 괘씸해서 네 살을 날로 먹고 싶은 심정이다. 다른 사람의 열 배, 스무 배의 몸값을 가져와도 너의 머리에서 개 떼와 새 떼를 쫓아줄 사람은 없을 것이다."

호메로스의 사실적 묘사는 헥토르를 살해한 뒤 그의 시체를 끌고 다니는 아킬레우스의 잔혹성을 묘사하는 장면에서 극치를 이룬다.

> 그는 시신의 발뒤꿈치에 구멍을 내고 그 안에 커다란 쇠가죽 끈을 꿰어서 전차 뒤에 매단 다음 전차에 그의 시신에서 벗겨낸 무구를 싣고 함선 쪽으로 직접 말을 몰기 시작했다. 헥토르의 검푸른 머리털이 땅바닥에 끌리더니 그토록 아름답던 머리가 온통 먼지로 휩싸였다.

잔혹하다. 어디에서건 전쟁은 잔혹했다. 그런데 이 잔혹성을 있는 그대로 그려내는 호메로스. 아킬레우스는 헥토르의 시신을 질질 끌고 다닌 것도 성에 안 차 파트로클로스의 장례식에서 트로이 포로들을 산 채로 화장해버린다. 오죽이나 잔혹했으면 플라톤마저 나서서 호메로스의 이런 장면은 아이들에게 보여주지 말자고 제안했을까?

> 꿀과 기름이 든 항아리들을 시신 곁 장작에 기대어놓고, 말 네 마리를 장작더미 위에 던졌다. 이어 그는 자신이 기르던 아홉 마리의 개 중 두 마리를 잡고 포로로 잡아온 트로이군 열두 명도 목을 쳐 장작더미에 던진 다음 병사들과 함께 전우의 이름을 부르며 오열했다.

이 냉혹한 사실주의야말로 동양인에게서는 찾아볼 수 없는 서양인의 지적 특질이다. 사실적 묘사는 관찰자와 대상의 엄격한 분리를 전제한다. 동양의 노자는 자연에 맞서지 말고 그 흐름에 몸을 맡기라고 했다. 하지만 베이컨은 "아는 것이 힘"이라면서 자연을 더 속속들이 파헤칠 것을 요구한다. 서양인에게 세계는 관찰과 연구의 대상이었다. 이러한 서양의 정신적 특질은 베이컨의 경험론이나 데카르트의 기계적 결정론으로 이어졌다. 주체와 대상의 이분, 그 위에서 이루어지는 냉정한 객관성은 서구 정신의 특질이다. 이러한 사유의 뿌리, 저 깊은 곳에 호메로스의 《일리아스》가 있었다.

트로이를 찾아

터키의 해변에서 트로이 성터를 발굴한 이는 독일의 고고학자 슐리만이다. 그는 《일리아스》에 나오는 스카만드로스 강에 주목하여 트로이를 찾아냈다고 한다.

가보았더니 햇살은 한가로웠고 트로이는 황량했다.

트로이의 진실을 밝히기 위한 슐리만의 노력은 가상했으나 이 정도의 발굴만으로 호메로스가 그린 《일리아스》의 무대라고 내놓기엔 많이 부족했다. 이곳에서 헥토르와 그의 처자가 이별을 했다고는 도저히 믿기지 않았고 10만 군사가 결투를 벌인 전쟁터였다고 보기에는 너무 좁았다.

전언에 의하면 알렉산드로스는 동방 원정길에 이곳 트로이를 방문하여 아킬레우스의 묘소를 참배했다고 한다. 알렉산드로스는 스승 아리스토텔레스로부터 호메로스의 작품을 배웠다.

나는 트로이의 성터에서 엉뚱한 상상에 잠겼다. 만일 기원전 5세기 살라미스해전에서 그리스연합군이 페르시아에 패전했다면 이후 그리스의 역사는 어떻게 되었을까? 그리하여 그리스의 여러 도시들이 모두 페르시아의 식민지가 되었다면 과연 호메로스의 작품들은 전승되었을까? 또 그때 그리스 전역이 페르시아의 식민지로 전락했더라면 소크라테스가 그의 철학적 사유를 전개한 폴리스 아테네도 사라지지 않았을까? 만일 호메로스의 《일리아스》가 망실되고 대신 페르시아 서사시가 암송되었더라면, 플라톤의 철학이 자라투스트라의 철학으로 대체되었더라면 오늘의 유럽 문명은 존재할 수 있었을까?

트로이 성터에서 나는 조카에게 호메로스의 위대함에 대해 말해주었다. 그의 인간주의, 그의 사실주의적 문필이 보여주는 놀라움에 대해 말해주었다. 새들은 성터의 나무 사이에서 재잘거리고 있었다. 3000년 전과 마찬가지로.

고전 읽기

《일리아스(Ilias)》

고대 그리스의 음유시인 호메로스가 지은 유럽 최고(最古)의 서사시로, 제목인 '일리아스'는 '일리오스(Ilios, 트로이의 별명)의 이야기'라는 뜻이다. 하지만 사실 《일리아스》는 아킬레우스의 분노에서 시작하여 그의 분노로 끝나는 책이다. 지루하게 이어지던 트로이와 그리스의 10년 전쟁이 영웅의 분노로 결말을 맞기까지의 과정이 총 24권에 이르는 방대한 저작에 그려진다.

지금도 그리스인들은 이 작품을 《오디세이아》와 더불어 그리스 민족의 영웅적 자질을 나타내는 상징으로 여기고 있다. 뿐만 아니라 이 작품은 《오디세이아》와 더불어 유럽인의 정신과 사상을 배태시킨 서구 문학의 정수로 손꼽힌다.

Chapter 2

"내게 배운 것을 발설치 마라"

피타고라스
Pythagoras

인류는 언제부터 철학을 했을까? 최초의 철학자는 누구일까? 탈레스인가, 아낙시만드로스인가? 수많은 답이 나올 것이다. 하지만 한 가지 확실한 것이 있다. 최초로 자신을 철학자라 부른 사람은 소크라테스도, 플라톤도, 아리스토텔레스도 아닌 피타고라스다. 피타고라스 정리(定理)로 유명한 피타고라스는 우리의 머릿속에 수학자로만 정리(整理)되어 있지만 사실은 서양철학의 비조였던 셈이다. 당시 최고의 선진문명들을 섭렵하고 그리스 철학을 한 단계 끌어올린 지식 수입업자, 만물의 근본을 파고들어가 수학이라는 위대한 질서를 발견한 1세대 수학자, 최초의 철학공동체를 만든 철학학교 교장. 그가 바로 피타고라스다. 서양인들의 세계관을 알고 싶다면 첫 번째 관문, 피타고라스의 세계로 들어가 보아야 한다.

기원전 399년 소크라테스가 독배를 마시자 아테네는 더 이상 철인이 살 동네가 되지 못했다. 소크라테스를 향했던 아테네인들의 독기 어린 눈초리가 이어 그 제자들에게 미쳤다. 가슴에 주먹만 한 회한을 품고 플라톤은 고향을 등진다. 분명 피레이스 항구에서 배를 탔을 것이다. 지중해의 밤바다, 그 창공을 수놓는 별들을 보며 스물여덟 살의 청년은 무슨 상념에 잠겼을까? 이후 12년간 플라톤은 이탈리아의 시칠리아 등지를 떠돌았다.

그것은 수학여행이었다. 누구를 만나 무엇을 배웠을까? 플라톤이 12년 동안 무엇을 배웠는지 믿을 만한 기록이 없다. 이탈리아를 방문하여 수학자 아르키타스를 만났다는 이야기도 있고, 시칠리아에 가서 디온을 만났다는 이야기도 있으며, 피타고라스학파의 필로라우스를 만나 피타고라스의 저작을 비싼 값에 구입했다는 이야기도 있다. 배가 고픈 필로라우스가 공동체의 비밀인 피타고라스의 저술을 그만 플라톤에게 매각해버렸단다.

돌이켜보면 피타고라스만큼 그 성취가 과소평가되어온 인물도 찾기 드물다. 그저 교과서에 나오는 '피타고라스 정리'의 주인공으로만 알려져 있을 뿐 그의 진면목은 여전히 비밀에 싸여 있다. 알고 보면 플라톤 사상은 피타고라스의 성취에 연원을 두고 있는데 말이다. 소크라테스가 서양철학의 원조(元祖)라면 피타고라스는 서양철학의 비조(鼻祖)라 할까?

누구나 한번쯤은 들었을 것이다. 물의 철학자는 탈레스요, 공기의 철학자는 아낙시메네스며, 불의 철학자는 헤라클레이토스라고. 철학사는 이들을 이오니아학파라고 부른다. 밀레투스와 에페수스라는 도시가 있었다. 지중해 동쪽, 터키 땅(당시엔 페르시아)에 있는 도시들이다. 이곳을 이오니아라 한다.

기원전 600년경에는 그리스 본토의 청년들이 지중해를 건너고 페르시아 땅까지 와서 식민 도시를 개척했다. 마치 백제의 젊은이들이 바다 건너 중국으로, 일본으로 진출하여 백제방을 건설한 것과 다름없다. 피타고라스의 고향 사모스 섬도 이곳 이오니아에 있으니, 피타고라스 역시 이오니아 철학이 키운 아들이었다.

세계의 본질이 무엇이냐? 신이 아니오. 보시오, 모든 생명체는 물에서 나오지 않소? 세계의 본질은 물이오. 아니요, 보시오. 살아 있는 모든 것은 숨을 쉬지 않소? 세계의 본질은 공기요. 아니요, 보시오. 사랑도 증오도 모든 것은 불타지 않소? 세계의 본질은 불이오. 세계의 본질을 신이 아닌, 물질적인 어떤 것이라고 해석한 것이 바로 이오니아의 자연철학이다.

그런데 세계의 본질을 물질적인 것으로 해석하던 경향을 뒤집어엎고 정신적인 것으로 해석하는 흐름이 등장한다. 이오니아 철학이 아닌, 엘레아 철학이다. 이 철학의 대전환을 몰고 온 이, 누구냐? 바로 피타고라스였다. 피타고라스에 의하면 세계의 본질은 '수'요, '영혼'이란다. 좀 어렵다. 이오니아 철학이 자연철학이라면 엘레아 철학은 영혼을 중시한 철학이었다. 이 엘레아 철학의 계승자가 바로 소크라테스와 플라톤이다.

피타고라스의 삶과 철학을 기록한 책들은 많지 않다. 자신의 사상을 공개하는 것을 금지했기 때문이다. 제자들도 '묵언의 규율' 속에서 살았다. 때문에 피타고라스가 전승한 지적 성취가 무엇이었는지 잘 알려져 있지 않다. 신비 속의 인물, 피타고라스.

피타고라스의 전기 작가 이암블리코스에 따르면 기원전 580년경 소아시아의 섬 사모스에서 아버지 므네사르코스와 어머니 피타이스 사이에서 피타고라스가 태어났다고 한다. 아버지는 이탈리아로 출항하기 전 델포이에 가서 여사제인 피티아의 신탁을 들었다. "당신의 여행은 성공적일 것이오. 여행을 다녀오면 그대의 아내가 아들을 낳을 것이오"라고 예언했다. 예언대로 피타이스는 아들을 낳았다. 여사제 피티아의 신탁에 대한 감사의 표시로 아버지는 아들의 이름을 피타고라스라 지었다고 한다.

아버지는 아들의 교육에 모든 정성을 기울였다. 덕분에 피타고라스는 어린 시절부터 리라를 연주할 수 있었고, 몸을 튼튼하게 단련할 수 있었으며, 그림도 썩 잘 그렸다. 므네사르코스는 장사를 하기 위해 이집트와 그리스, 이탈리아와 지중해의 여러 섬들을 드나들었는데, 그때마다 아들을 동행했다.

어린 피타고라스는 훌륭하게 컸다. 피타고라스는 쉬지 않고 자신을 수양했으며, 신체를 강건하게 단련했다. 좀처럼 화를 내지 않았고 경솔

한 행동이나 난폭한 언사를 하지 않았다.

밀레투스의 탈레스가 바로 피타고라스의 스승이다. '물은 모든 것의 제일원리'라는 명제로 유명한 탈레스. 그리스 자연철학의 아버지 탈레스는 기하학자이자 천문학자이기도 했다.

원에 내접하는 직각삼각형의 작도법을 발견한 이는 누구인가? 탈레스다. 그림자의 길이로 피라미드의 높이를 측정한 이는 누구인가? 탈레스다.

이등변삼각형의 두 삼각형은 서로 합동임을 증명한 이는 누구인가? 탈레스다. 그는 하지와 동지의 날짜를 예측했고 일식을 예언했다. 과연 피타고라스의 스승이었다.

탈레스는 피타고라스에게 이집트로 가서 공부할 것을 권했다. 몸은 늙어가고 제자에게 더 가르칠 것이 없기 때문이었다. 지식의 중심 이집트로 가라! 피타고라스가 처음 도착한 이집트의 도시는 나일강 북쪽에 자리 잡은 헬리오폴리스였다. 당시 이집트의 사원은 문명의 중심이었다. 그런데 사제들은 젊은 이방인을 달갑게 맞이하지 않았다. 소개장 한 장 달랑 들고 온 이 촌뜨기 앞에는 엄혹한 수련이 기다리고 있었다.

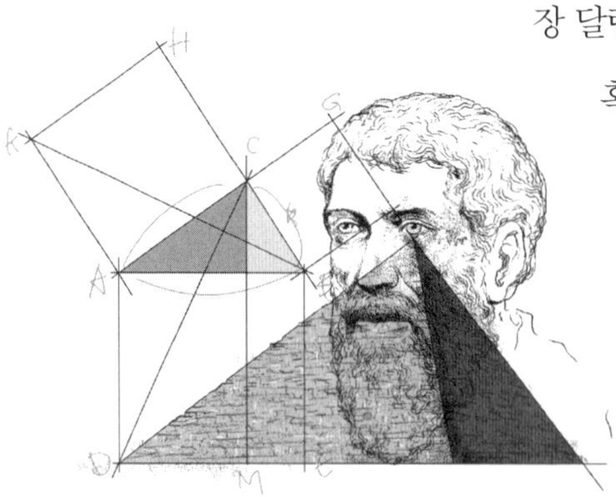

사제들은 피타고라스에게 밥도 먹이지 않고 잠도 재우지 않았다. 혹독한 신체 단련을 강요했다. 하지만 무릎 꿇을 피타고라스가 아니었다. 신전의 지옥 훈련을 이겨낸 피타고라스는 이후 20년 동안 이집트 역사가 전승해온 비밀을 배운다. 이집트어로 된 모든 학문, 수학과 의학, 건축학과 음악, 천문학과 기하학에 통달했다.

피타고라스가 이집트에 체류한 지 23년째 되던 해에 페르시아가 이집트를 침략했다. 페르시아의 침략은 이집트에겐 재앙이었으나 피타고라스에게는 행운이었다. 피타고라스는 포로가 되어 바빌론으로 이송되었다. 당시 페르시아는 초강대국이었다. 페르시아의 학자들은 당연히 여러 피지배국들의 문화를 흡수했다. 마기(magi)라 불리는 페르시아 학자들은 피타고라스와 문답을 나누었다. 피타고라스는 3000년 동안 축적된 이집트문명을 페르시아 학자들에게 전해주었고, 그 대신 5000년 동안 축적되어온 메소포타미아문명을 마기들로부터 배웠다. 바빌론에서 12년을 보낸 피타고라스는 56세의 나이로 '현자'가 되어 귀향한다.

그러니까 피타고라스는 고대의 찬란한 두 문명, 바빌로니아문명과 이집트문명을 그리스인들에게 전해준 문명의 전도사였다. 대사상가 피타고라스는 그의 정리(定理, theorem)로 인하여 일개 수학자로 정리(整理)되어버린 역설의 인물인 셈이다.

최초의 철학 공동체를 세우다

피타고라스가 공동체 학교를 세운 곳은 이탈리아의 크로톤이었다. 크로톤은 그리스인들이 개척한 식민지들 중에서도 가장 부유하고 지적 수준이 높았다. 피타고라스가 도착할 당시 이 도시는 번영을 누리고 있었다. 피타고라스가 탄 배가 항구에 닻을 내리자 소문은 금세 퍼졌고 현자를 보기 위해 군중이 몰려들었다.

피타고라스는 광장에 모인 젊은이들에게 첫 연설을 했다. "먼저 온 것은 나중에 온 것보다 우월하다. 새벽은 저녁보다 좋고, 동쪽은 서쪽보다 좋으며, 시작은 끝보다 좋다. 마찬가지로 탄생은 죽음보다 좋고, 원주민은 이주민보다 좋으며, 어른은 젊은이보다 좋다. 어른은 젊은이들에게 생명을 준 분이다. 따라서 젊은이들은 어른을 공경해야 한다."

> "자제하라. 젊은 시절은 성품이 단련되는 시기다. 자제는 건강을 주고, 최상의 성취를 가능하게 한다. 트로이전쟁에서 양편의 군사들이 그토록 많은 희생자를 냈던 것은 한 사람 파리스의 자제력 결여 때문이었다."
> "공부하라. 몸은 사라진다. 공부를 하여 고귀한 정신을 갖게 되면 몸은 죽어도 정신은 남는다. 모든 뛰어난 지도자들은 어려서부터 공부를 열심히 했다. 미모는 물려받을 수 없지만 공부는 물려받을 수 있다. 마음만 먹으면 할 수 있는 것이 공부다."

젊은이들은 부모에게 피타고라스의 연설을 전했고 어른들은 피타고라스를 초청하여 또 연설을 들었다. 각계각층의 사람들이 몰려왔다. 2000명의 남녀가 자신의 가족과 함께 피타고라스의 제자가 되길 희망했다. 그렇게 피타고라스의 철학 공동체가 탄생했다.

사람들은 피타고라스를 현자로 알고 찾아왔다. 그러나 자신은 '지혜를 사랑하는 자'에 지나지 않는다고 피타고라스는 말했다. 지혜(sophia)를 사랑(philo)하는 자, 즉 철인(philosopher)이라는 용어는 이렇게 만들어졌다. 그의 공동체는 학술 연구 단체이기도 했고, 일종의 수도원이기도 했다. 피타고라스 공동체는 이후 플라톤의 아카데메이아와 아리스토텔레스의 리케이온의 선구가 되었다.

철학 공동체에 들어오는 학생들은 먼저 자신의 전 재산을 공동체에 내놓아야 한다. 그들은 재산을 공유했다. 처음 3년의 수업 기간은 청강생 시기다. 청강생은 스승의 얼굴을 직접 보지 못하고, 스승의 육성을 커튼 너머로 들어야 한다. 학식을 쌓고 인성을 연마해서 시험을 통과해야만 본격적인 제자가 될 수 있다.

온화와 겸손 그리고 과묵이 피타고라스가 요구한 덕목이었다. 성품이 거친 자, 오만한 자, 시끄러운 자는 제자가 될 수 없었다. 시험을 통과하지 못한 사람들은 공동체를 떠나야 했다. 첫 시험을 통과한 사람들은 다시 5년 동안 묵언 생활을 한다. 이렇게 두 차례의 시험을 거쳐야만 정식 제자가 된다.

그러나 오랜 수련 과정을 거쳤더라도 공동체의 규율을 어기면 그 즉시 짐을 꾸려 공동체를 떠나야 한다. 단, 나가더라도 공동체에서 배운 것은 비밀로 해야 한다. 내게 배운 것을 발설하지 마라! 비밀을 지키지 않으면 암살된다. 비밀 엄수! 이것이 피타고라스 공동체의 규율이었다.

피타고라스 공동체는 우리로 치면 절간이다. 고려시대, 타락하는 불교를 바꾸고자 결사를 만들었던 지눌. 그가 만든 송광사나 피타고라스의 학교나 매한가지다. 피타고라스의 제자들은 스님들처럼 수도생활을 했다.

잠들기 전에 오늘 내가 한 일을 세 번 돌아보라. 오늘 내가 잘한 일은 무엇이고, 잘못한 일은 무엇이며, 또 끝내지 못한 일은 무엇인가? 이것이 피타고라스 공동체가 요구한 생활 규율이었다. 피타고라스의 제자들은 숲과 개울을 거닐며 명상한다. 체조로 몸을 다진다. 철학과 수학으로 정신을 훈련한다. 식사는 채소와 빵 한 조각.

잠깐 피타고라스 공동체의 하루 생활을 밀착 취재해보자. 새벽이면 일어나 산책에 나선다. 사원의 경내와 녹음 속 고요한 곳에서 그들은 명상에 들어간다. 영혼을 가지런히 정돈하기 전에는 그 누구도 만나서는 안 된다. 잠에서 깨자마자 사람들을 만나면 영혼이 교란된다. 피타고라스의 제자들은 언제나 조용한 곳을 선택했다. 아침 산책이 끝나면 사원에서 모임을 가진다. 제자들은 여기에서 배우고 수양한다.

아침 시간이 끝나면 각자 신체 단련에 들어간다. 건강한 몸에 건전한 정신이 깃든다. 몸에 향유를 바르고 레슬링을 한다. 더러는 아령을 들고 그림자 권투를 하면서 몸을 단련하는 이도 있다. 아침 식사는 빵과 꿀이다. 그들은 콩을 먹지 않았다. 아침 식사가 끝나면 공동체의 실무 처리에 들어간다. 황혼이 지면 다시 걷기 시작한다. 새벽에는 혼자 걸으나 황혼엔 삼삼오오 짝을 지어 걷는다.

산책 후 목욕을 하고 함께 식사를 한다. 식사를 하기 전에 먼저 향을 피우고 제주를 붓는다. 식사는 일몰 전에 마친다. 저녁 식사는 보리 과자와 빵, 채소다. 저녁 식사가 끝나면 포도주를 마실 수 있다.

이제 독서가 시작된다. 연장자가 무엇을 읽을지 결정하면 젊은이가 독송한다. 헤어질 땐 이렇게 암송한다. "식물이건 과실이건 해치지 마라. 동물을 죽이지 마라. 신들과 영웅들을 경배하라. 부모와 이웃을 공경하라. 법을 준수하라." 암송이 끝나면 각자 집으로 돌아간다. 그들은 순백의 정결한 옷을 입었고 백색의 깨끗한 담요를 사용했다. 양모는 사용할 수 없기 때문에 아마포로 된 침대보를 깔았다.

"개와 곰도 나의 친구일세"

피타고라스는 사후의 삶을 옹호한 대표적인 인물이다. 그에 따르면 죽음을 맞는 순간 영혼은 육체를 떠난다. 하지만 육체를 떠난 영혼이 이 세상과는 다른 신비의 세계로 가는 것이 아니다. 영혼은 이 세계에 사는 다른 육체의 영혼으로 다시 태어난다고 믿었다. 피타고라스는 자신의 전생이 트로이전쟁의 영웅 에우포르보스라고 주장했다.

피타고라스는 자신의 전생을 기억했을 뿐만 아니라 다른 사람의 영혼도 꿰뚫어보았다. 한번은 심하게 두들겨 맞는 개를 보고는 개 주인에게 달려가서 말했다.

"그만 때리시오. 개의 신음 소리를 들어보니, 지난 생에 나의 친구였던 아비데스의 영혼이 울고 있소."

셰익스피어는 이런 주장에 깊은 인상을 받았던 모양이다. 〈베니스의 상인〉에는 이런 표현이 나온다. "당신은 나의 신앙을 뒤흔들어 동물의 영혼이 인간의 몸뚱이에 깃든다는 피타고라스의 의견을 받아들이게 만드는구려."

피타고라스는 영혼의 윤회를 가르쳤다. 만물은 돌고 돈다. 영혼도 이 몸에서 저 몸으로 돌고 돈다. 고대 인도인들의 윤회 사상이 어떻게 피타고라스에게까지 전달되었을까?

피타고라스는 모든 생명체를 친구처럼 대하라고 가르쳤다. 개나 곰의 영혼이 전생에 당신의 친구였을 수 있다. 피타고라스 공동체가 채식주의를 채택한 것은 이러한 교리의 자연스러운 반영이었다. 그들은 양털을 깎지 않았고 가죽옷을 입지 않았다. 친구의 옷을 벗기는 일이기 때문에.

또 피타고라스는 친교를 강조했다. 그는 우정, 필리아(philia)를 중시했다. 필리아는 자연의 모든 원소들을 조화로운 관계로 끌어당기는 우주적인 힘이다. 피타고라스에 따르면 모든 사람은 필리아의 원칙을 지켜야 한다. 그는 학생들에게 다음의 경구를 들려주었다.

친구들은 모든 것을 공유한다(Friends have all things in common).

친구는 또 다른 나다(Friend is another I).

만물은 수로 이루어진다

윤회 사상에 의하면 영혼은 몸을 바꾸어가며 떠돈다. 혼이 윤회의 쇠사슬에서 벗어나기 위해선 혼이 정화되어야 한다. 어떻게 해야 혼이 정화될까? 혼의 정화는 우주적 질서에 동화됨으로써 가능하다. 혼의 정화를 위해서는 먼저 우주적 질서를 알아야 한다. 우주적 질서, 너는 무엇이냐?

하루는 피타고라스가 대장간을 지나게 되었다. 그는 망치들이 내는 소리가 오묘한 조화를 이루고 있음을 알아차렸다. 그는 주의 깊게 망치 작업을 관찰했다. 그는 망치들의 무게에 비밀이 숨어 있음을 간파했다. 그는 망치들의 무게에 따라 각기 다른 소리가 난다는 것을 발견했다.

이제 피타고라스는 망치 무게들의 비례관계에 주목했다. '우주의 조화는 수의 비례에 있어!' 그는 마침내 한 옥타브의 여덟 음계에 들어 있는 수적 비례관계를 밝힌다. 피타고라스는 화성학의 원조였던 셈이다. 그는 나아가 음의 조화처럼 우주적 질서에도 이 수적 비례관계가 내장되어 있다고 보았다.

피타고라스는 마음을 정화시키는 리듬과 멜로디를 부지런히 찾았다. 피타고라스 공동체에 소속된 사람들은 매일 저녁 잠자리에 들기 전 음악을 들었다. 그들에게 음악은 영혼을 정화하는 방편이었다.

우주를 처음으로 코스모스(cosmos)라고 부른 사람 역시 피타고라스였다. 피타고라스는 별들의 배열과 움직임에도 수적 비례가 성립함을 탐구했다. 우주는 순수한 수의 세계였다. 오직 이성적 사유를 통해서만

지각될 수 있는 수의 세계 말이다.

피타고라스는 선포한다. 세계는 수다. 수학은 눈에 보이는 세계와 보이지 않는 세계 사이를 잇는 다리다. 수학은 자연을 이해하는 학문일 뿐만 아니라 자연 너머에 있는 신적 존재와 소통하는 수단이었다. 그는 수학을 통해 불변의 실재에 대해 숙고했다. 그렇게 수학에 집중하면 마음은 평온해지고 정화되었다. 피타고라스는 인간의 지식을 예찬했다.

> 물질은 유한하나 지식은 무한하다. 물질적 자산은 남에게 주면 줄어들지만 지적 자산은 남에게 주어도 없어지지 않는다. 지식은 남에게 줄수록 더 명확해지고 풍부해진다. 지식은 영원하다. 지식은 이웃을 배려하고 인류에게 도움을 준다.

코페르니쿠스가 출현하기 이전 사람들은 지구가 우주의 중심이라고 생각했다. 우리는 그렇게 알고 있다. 하지만 그렇지 않다. 태양이 우주의 중심이라고 생각한 이들이 있었다. 바로 피타고라스학파의 사람들이다. '태양은 우주의 불이며, 지구는 태양을 중심으로 공전한다'고 그들은 생각했다. 피타고라스학파는 지구가 자전하기 때문에 낮과 밤이 생기고 지구의 자전축이 기울어져 계절의 변화가 생긴다고 설명했다. 대단한 사람들이었다.

어쩌면 좋으랴. 피타고라스학파의 태양중심설은 아리스토텔레스와 프톨레마이오스의 지구중심설에 밀려 이후 2000년 동안 망각된다. 16세기가 되어 코페르니쿠스가 등장하고 나서야 태양이 다시 우주의 중심이 된다. 근대 과학혁명의 배후에는 피타고라스가 있었다.

피타고라스의 유산

플라톤의 대화편에 나오는 많은 이야기들 중 다음과 같은 것들은 피타고라스학파로부터 전승된 것이라고 볼 수 있다.

첫째, 《국가》에 나오는 수호자들의 규율은 분명 피타고라스에게서 따온 것이다. 친구는 모든 것을 공유한다. 플라톤의 공산주의는 피타고라스의 것이었다.
둘째, 《파이돈》에서 플라톤은 영혼불멸을 전개한다. 플라톤처럼 합리적인 철학자가 왜 영혼의 불멸을 강조하는 것일까? 플라톤의 윤회설은 전적으로 피타고라스 사상의 복사판이었다.
셋째, 《국가》에는 저 유명한 '동굴의 우화'가 나온다. 그런데 이 동굴의 우화에서 플라톤은 우주의 근원이 태양이라는 사상을 전개한다. 이 역시 피타고라스의 우주관을 빌려온 것이다.
넷째, 플라톤이 수학에 보인 남다른 애정 역시 피타고라스의 영향이었다.

철학자 버트런드 러셀은 《서양철학사》에서 이렇게 말한다. "피타고라스만큼 큰 영향을 준 사람은 없다. 플라톤의 철학을 분석하면, 모두 피타고라스의 철학이 되어버린다. 지성으로는 파악되지만 감각으로는 파악되지 않는 영원한 세계, 이데아의 세계는 피타고라스로부터 비롯된다."

서양 과학문명의 원조는 피타고라스였다. 각도의 크기에 따른 직각삼각형의 두 변의 관계를 말해주는 '사인(sine)'과 '코사인(cosine)' 역시 피타고라스 정리에 토대한다. 원의 방정식을 '$x^2+y^2=r^2$'으로 표기할 수 있는 것도 피타고라스 정리 덕분이다.

그렇다면 소리의 운동, 빛의 운동은 뭐냐? 모두 파장(wave) 운동이다. 전파도 파장이다. 그런데 사인과 코사인이 아니었다면 파장의 운동을 수학적으로 표현하는 것이 가능이나 했겠는가? 현대의 전파 문명 저 깊숙한 곳에도 피타고라스의 발견이 의연히 자리를 잡고 있었던 것이다. 아인슈타인의 특수상대성이론도 피타고라스의 정리를 활용하지 않던가?

피타고라스는 직각삼각형의 정리를 발견한 후 소 100마리를 신에게 바쳤다고 한다. 우리도 서양 과학문명의 원조에게 감사의 제를 바치자. '철학'이란 말을 만들어준 스승, 세상을 수학으로 보는 법을 가르쳐준 이 스승에게 소 100마리를 바치자.

고전 읽기

피타고라스학파(Pythagoreans)

피타고라스가 창설한 고대 그리스 철학의 한 계파이자 공동체로 기원전 6세기에서 기원전 4세기에 번성했다. 종교와 과학의 통합을 시도하면서 수학, 천문학, 음악 등에 뛰어난 업적을 남긴 연구 단체이자 금욕 생활을 통해 영혼의 정화와 구제를 지향한 종교 수행 단체였다.

아리스토텔레스에 따르면 수에 관한 이론이 피타고라스학파의 가장 특징적인 부분이었다. 그들은 '만물은 수(數)로 이루어진다'는 우주론을 폈다. 즉 우주는 이상적인 수의 비율로 조화롭게 구성된다는 것이다. 이런 주장은 고대 그리스의 다른 어떤 사상운동에서도 찾기 힘든 독특한 것으로, 훗날 플라톤을 비롯한 많은 철학자에게 강력한 영감을 불어넣었다.

Chapter 3

이데아 제국을 격파하라

아리스토텔레스
Aristoteles

논리학, 형이상학, 인식론, 윤리학, 정치학, 경제학, 생물학, 천문학 등 거의 모든 학문의 토대가 되었던 아리스토텔레스. 우리는 그를 학문의 제왕으로 기억한다. 스승인 플라톤의 왕국을 깨고 나와 자신만의 왕국을 건설한 그는 낮은 곳을 향해 흐르는 물처럼 결코 현실을 망각하지도, 떠나지도 않는다. 그래서였을까? 그가 추구했던 궁극적 가치는 다른 현자들과는 달랐다. 행복. 아리스토텔레스는 우리가 행복을 위해 살아간다고 주장한다. 학문의 제왕답지 않게 너무나 평범하고 소박한 가치가 아닌가? 아리스토텔레스는 어떤 사상적, 학문적 여정을 거쳤기에 행복이 궁극의 가치라는 결론에 이르렀던 것일까? 그리고 그가 추구했던 행복이란 과연 어떤 것일까?

로마에서도 바티칸은 가톨릭의 교황이 지배하는 곳이다. 그런데 이 바티칸 궁의 천장 벽화에는 학문의 왕, 아리스토텔레스가 있다. 르네상스 시대의 화가 라파엘로가 그린 〈아테네 학당〉 한가운데에서는 아리스토텔레스와 함께 스승 플라톤이 걸어 나온다.

〈아테네 학당〉에는 유럽의 고대 철학을 대표하는 현자들이 총 출연한다. 더러는 홀로 사색하고, 더러는 함께 토론을 하고 있다. 플라톤의 왼쪽으로 시선을 옮겨보자. 두 손을 들고 열변하는, 머리가 벗겨진 현자가 소크라테스다. 소크라테스의 맞은편엔 머리에 투구를 쓴 젊은이가 보일 것이다. 이 사나이가 소크라테스의 연인이자 제자인 알키비아데스다. 그림의 가장 왼편엔 머리에 월계관을 쓰고 책을 쓰고 있는 현자가 보일 것이다. 이 사람이 쾌락주의 철인 에피쿠로스다. 또 그림 왼편의 맨 앞에는 무릎을 꿇고 집필에 몰두하고 있는 현자가 보일 것이다. 그가 바로 피타고라스다.

다시 눈을 들어 그림의 오른편을 보자. 먼저 아리스토텔레스의 발아래에 벌러덩 누워 있는 늙은이가 보일 것이다. 말 탄 알렉산드로스 대왕에게 빛을 가리지 말라고 주문한 그 유명한 디오게네스다. 그림의 오른편을 보면 천구를 들고 열심히 설명하는 현자가 있다. 이분이 지구중심 우주론을 완성한 천문학자, 프톨레마이오스다. 본서의 〈코페르니쿠스〉

〈아테네 학당〉 르네상스기 화가 라파엘로가 그린 바티칸 궁의 벽화.

편에서 다룰 중요 인물이다. 한 명만 더 찾자. 그림 오른편의 맨 하단에 컴퍼스로 원을 그리는 현자가 보일 것이다. 이 현자가 수학 교과서, 《기하학 원론》을 집필한 유클리드다.

때는 1510년, 라파엘로는 〈아테네 학당〉을 그려 우리에게 어떤 메시지를 주고자 했던 것일까? 유럽의 사상사는 플라톤과 아리스토텔레스라는 두 인물이 연출한 이중나선의 역사라는 이야기다.

〈아테네 학당〉의 흥미로운 점은 두 현자의 대비되는 손짓에 있다. 플라톤의 오른손은 하늘을 가리키고 아리스토텔레스의 오른손은 세상을 가리킨다. 왼손에는 각자 한 권의 책을 끼고 있다. 플라톤은 그의 우주론을 담은 《티마이오스》를 들고 있고 아리스토텔레스는 그의 행복론을 담은 《니코마코스 윤리학》을 들고 있다. 참 재미있는 대조다. 또 있다. 플라톤은 불을 상징하는 붉은 옷을 걸치고 있고, 아리스토텔레스는 물을 상징하는 푸른색 옷을 걸치고 있다. 불은 하늘로 올라가고 물은 낮은 곳으로 내려간다.

이데아의 세계

〈아테네 학당〉에서 플라톤은 왜 하늘을 가리키고 있는가? 이 손짓이야말로 플라톤 철학의 특징을 웅변한다. 플라톤은 나타났다가 사라지는 지상의 사물들 가운데에서는 진리를 찾을 수 없다고 보았다. 진리는 생성과 소멸 과정에 있는 사물의 배후에 있다. 이 진리는 앎에 의해 드러나는데, 플라톤은 이것을 '이데아(idea)'라고 불렀다. 플라톤의 이데아는 처음엔 사물의 본모습 혹은 형상이라는 뜻으로 사용되기 시작했으나 나중엔 '영원불변의 보편적 존재'라는 철학적 개념으로 발전했다.

이데아란 무엇인가? 보자. 여기 컴퍼스로 그린 원이 있다. 그냥 맨눈으로 보면 분명 완벽한 원이다. 그런데 현미경으로 들여다보니 웬걸, 선이 매끄럽지 않다. 울퉁불퉁 거칠다. 뭐냐? 이것을 원이라 했던가? 그리하여 더 정밀한 원을 얻기 위해 이번엔 가느다란 제도용 펜으로 그려 보았다. 겉보기엔 깔끔한 원이지만 현미경 앞에선 어쩔 수 없다. 결과는 동일하다. 완벽한 원이란 없는 것이냐? 그렇다. 이 세상엔 없다. 이것이 플라톤의 생각이다. 플라톤에 의하면 생성과 소멸을 반복하는 이 지상에 진리는 없다.

하지만 이데아의 세계엔 있다. 완벽한 원은 현실에는 없으나 인간의 사유에는 있다. '한 점으로부터 동일한 거리만큼 떨어진 점의 집합'을 생각해보자. 이것이 '이데아로서의 원'이다.

현실에 존재하는 원은 '이데아로서의 원'과 전혀 다른 것이냐? 아니다. 현실에 존재하는 원은 '이데아로서의 원'의 특질을 부분적으로 구비한다. 다시 말해 '이데아로서의 원'이 부분적으로나마 구현된 것이 현실의 원이다.

다른 것도 마찬가지다. 현실에는 완전한 아름다움이 없다. 다만 '아름다움의 이데아'를 부분적으로 나눠가짐으로써 '아름다운 것'이 될 뿐이다. 코스모스의 아름다움이나 장미의 아름다움이나 모란의 아름다움은 아름다움의 이데아가 각각의 꽃 속에 구현된 경우들이다. 코스모스와 장미와 모란은 한철을 넘기지 못하고 사라지며, 각 꽃의 아름다움 역시 사라진다. 하지만 '아름다움' 그 자체, 아름다움의 이데아는 현실의 덧없음과 무관하게 독립적으로 존재한다. 이데아는 영원하며 진실하다. 그래서 플라톤은 저 위, 이데아의 세계를 가리킨 것이다.

'형이상학'의 탄생

플라톤은 정통 아테네인이었다. 아버지는 멀리 왕족의 혈통이었고, 어머니는 솔론의 혈통이었다. 체격도 준수하여 레슬링 선수처럼 어깨는 떡 벌어졌다. 소년 플라톤이 소크라테스에게 가기 전날 밤, 소크라테스는 꿈에서 백조를 보았다고 한다. 새끼 백조를 무릎에 안고 있었는데, 순식간에 깃이 생기더니, 백조는 날카롭고 아름다운 목소리로 지저귀면서 하늘로 날아가더라는 것이다. 다음 날 소크라테스는 소년을 보고 말한다. "이 애가 어젯밤 그 백조로구먼." 플라톤의 나이 스무 살 무렵의 일이다.

아리스토텔레스가 플라톤의 아카데메이아에 입학한 것은 그의 나이 17세 때의 일이었다. 마케도니아를 아시는가? 북쪽으로 코소보, 동쪽으로 불가리아, 서쪽으로 알바니아, 남쪽으로 그리스와 국경을 접하고 있는 발칸반도의 조그만 나라다. 마케도니아는 알렉산드로스 대왕을 키운 나라로 역사에 등재되어 있지만 철학자 아리스토텔레스의 고향이기도 하다. 기원전 367년 마케도니아 출신의 영민한 소년 아리스토텔레스는 아카데메이아에 입학할 당시 플라톤처럼 정통 아테네인이 아니었다. 그리스 북쪽 변방 출신의 촌놈이었다. 스승 플라톤은 인생의 풍찬노숙을 다 겪은 노인이었다. 61세의 플라톤은 이 소년을 보고 뭐라고 말했을까?

인생의 간난신고를 다 겪은 철인이 아직 스무 살이 되지 않은 학생 아리스토텔레스를 만난 것은 세계 철학사에 기록될 기념비적 사건이었다. 공자가 10대의 소년, 자하와 자장을 만난 것도 큰 의미를 갖는 사건이었으나 아무래도 후자는 전자에 비교할 것이 되지 못한다. 철학사에서 아리스토텔레스는 스승을 넘어서서 독보적인 위치를 점하고 있기 때문이다. 사람들은 스승이 가리키는 하늘과 제자가 가리키는 땅을 대비하면서 스승과 제자 사이에 화해할 수 없는 싸움이 전개된 것처럼 말하기도 한다. 아리스토텔레스를 '어미의 배를 발로 차는 배은망덕한 망아지'로 비유하는 경우도 있다. 라파엘로 역시 스승과 제자 사이에 화해하기 힘든 사상 투쟁이 전개된 것처럼 그리고 있다.

오해하지 말자. 아리스토텔레스는 플라톤을 따르는 열정적인 제자였다. 여든을 넘긴 플라톤이 유명을 달리하는 그날까지 아리스토텔레스는 아카데메이아에서 줄곧 공부했다. 17세에 입문하여 스승이 타계하는 그날까지 무려 20년 동안 한 스승 밑에서 공부하는 것이 쉬운 일인가.

스승 소크라테스가 죽은 기원전 399년 플라톤이 아테네를 버리고 해외여행을 떠났던 이면에는 분명 아테네 시민들을 향한 깊은 회오가 있었을 것이다. 아리스토텔레스 역시 스승 플라톤이 죽은 기원전 347년에 아카데메이아를 버리고 소아시아로 여행을 떠난다. 역시 아테네인들은 마케도니아 출신의 북방 촌뜨기에 대해 우호적이지 않았다.

지칠 줄 모르는 근면과 뛰어난 재능으로 플라톤의 사랑을 받았던 청년 아리스토텔레스. 플라톤은 '아카데메이아의 예지'라는 별명을 붙여줄 정도로 특별히 아리스토텔레스를 사랑했다. 그가 지각하면 도착할 때까지 강의를 시작하지 않았다고 한다. 그런데 왜 플라톤의 아카데메이아가 수제자 아리스토텔레스에게 넘어가지 않고 플라톤의 조카 스페우시포스에게 넘어갔을까? 별로 대단하지 않은 스페우시포스가 아카데메이아의 새 원장으로 임명되자 아리스토텔레스는 정든 곳을 떠날 수밖에 없었다.

어디로 가나? 플라톤은 아테네의 서쪽 이탈리아와 시칠리아로 가는 배를 탔다. 아리스토텔레스는 아테네의 동쪽 소아시아로 가는 배를 탔다. 플라톤은 시칠리아에서 그의 이상국가를 실험했던 반면 아리스토텔레스는 물고기의 생태 연구에 몰두했다. 좀 다르다.

아리스토텔레스가 스승과 다른 철학의 길을 본격적으로 걷게 된 것은 소아시아 여행 이후부터였다. "친구도 소중하고 진리도 소중하지만 친구와 진리가 다르다면 진리를 존중하리라(《니코마코스 윤리학》 중에서)." 이때 아리스토텔레스의 친구는 스승 플라톤이었다. 스승과 진리가 충돌할 때 어느 편을 따를 것인가? 동양의 선비들은 스승을 따랐지만 서양의 현자들은 진리를 따랐다.

아리스토텔레스가 거부한 것은 플라톤의 이데아 개념 그 자체가 아니었다. 아리스토텔레스 역시 플라톤 못지않게 세계의 보편자를 추구한 철학자였다. 그렇다면 뭐냐? 그가 스승의 사상을 거부한 것은 이데아 그 자체가 아니었다. 견해의 차이는 이데아와 사물의 관계, 다시 말해 보편과 개체의 관계를 둘러싼 논점에서 벌어졌다.

플라톤에게 참된 존재는 이데아였다. 개개의 원이 아닌, '원의 이데아'가 참된 존재였다. 하지만 아리스토텔레스에게 참된 존재는 구체적인 사물, 즉 개별자였다. 플라톤에게 보편자를 떠난 개체는 맹목적인 것이었다. 마찬가지로 아리스토텔레스에게 개체를 떠난 보편자는 공허한 것이었다. 플라톤에게 개체는 보편자의 특성을 나눠가지는 것인 반면 아리스토텔레스에게 보편은 개체 속에 실재할 때만 의미를 갖는다.

모란꽃은 아름답다. 모란꽃의 '아름다움'은 모란꽃으로부터 독립된 실체인가, 아니면 모란꽃의 한 특성인가? 플라톤은 모란꽃의 아름다움을 보면서 '아름다움의 이데아'를 설정한다. 이 '아름다움의 이데아'가 모란꽃에 나눠 들어간 것이라고 생각한다. 스승 못지않게 진리에 대한 열정을 가진 아리스토텔레스. 하지만 사물을 대하는 그의 눈은 냉철하다. 아리스토텔레스는 모란꽃의 아름다움은 모란꽃으로부터 분리될 수 없는, 모란꽃의 한 속성이라고 본다. 아리스토텔레스는 아래를 가리키면서 말한다. "선생님, 하나하나의 모란꽃 없이는 아름다움도 없습니다."

이전에도 이런 일이 있었다. 플라톤의 선배 피타고라스는 사물의 양적 특성을 표현한 '수'를 사물로부터 독립시켰다. "만물은 수로 이루어졌다." 피타고라스의 우주관에서는 '수'가 세상을 독재했다.

피타고라스의 철학적 연출을 지켜본 플라톤은 '수'보다 더 강력한 군주를 등장시켰다. '이데아'다. 본디 사물의 '본모습'을 의미했던 '이데아'는 플라톤의 철학 무대에서 모든 사물을 호령하는 왕이 된다. 이어 플라톤은 이데아보다 더 강력한 이데아, 이데아의 이데아, 즉 '선(goodness)의 이데아'를 무대 위로 올린다. '선의 이데아'가 신적 지위로 등극한다.

아리스토텔레스는 스승이 연출한 '이데아'의 독재를 끝내고 존재하는 사물들이 저마다 자신의 발언을 하는 사물의 민주주의 시대를 연다. 그는 《범주론》에서 10개의 '범주'를 도입한다. 어떤 한 속성만으로 사물을 정의하지 않는다. 실체와 관계, 양과 질, 장소와 시간, 위치와 상태, 능동과 수동, 이 10개의 범주를 통해서 사물을 설명한다.

'세상은 물이야'라고 했던 탈레스, 혹은 '세상은 불이야'라고 했던 헤라클레이토스처럼 하나의 아이디어로는 세상의 복잡성을 설명해낼 수가 없다. 하지만 아리스토텔레스의 10가지 범주를 쓰면 모든 사물을 완벽하게 서술해낼 수 있다. 아리스토텔레스의 형이상학에는 독재자가 없다. 그는 플라톤이 하늘 저 높은 곳으로 끌고 올라간 철학을 다시 지상으로 끌어내린 철인이었다.

기원전 322년 아리스토텔레스가 죽고 그의 정신적 성취는 리케이온의 후계자인 테오프라스토스에게 넘어갔다. 테오프라스토스가 죽자 그의 후계자인 넬레우스에게 유고가 넘어갔다. 유고는 물론 아리스토텔레스가 리케이온에서 제자들에게 행한 강연 노트집이다. 넬레우스의 후손들은 이 노트집을 동굴에 숨겼다. 아리스토텔레스의 유고는 세상과 절연된 채 동굴 속에서 200년간 잠을 잤다.

유고가 잠에서 깨어나 다시 세상 밖으로 나온 것은 거부(巨富) 아펠리콘 덕택이었다. 그는 거액을 주고 유고를 사들여 아테네로 옮겨왔다. 기원전 84년의 일이다. 이즈음 로마의 장군 술라가 아테네를 정복했고 술라는 아리스토텔레스의 물질화된 정신을 전리품으로 포획한다. 유고는 다시 배를 타고 로마로 실려 간다. 그곳에서 유품은 로도스 출신의 학자 안드로니코스를 만난다. 오늘날까지 전해져오는 《아리스토텔레스 전집》은 안드로니코스의 손에서 편집된 저술이다. 아리스토텔레스의 삶은 간결했으나 그의 유품이 밟은 길은 참으로 파란만장했다.

형이상학을 '메타피직스(metaphysics)'라 부른다. 이유는 뭔가? 별거 아니다. 《전집》의 편집자 안드로니코스가 유고들 중에서 '동물학'

과 '식물학' 등 자연에 대한 원고들을 《전집》의 앞에 배치하면서 '자연학(physica)'이라 했고 이어 형이상학에 관한 원고를 '자연학' 이후에 배치했다. 그래서 '자연학 뒤에 오는 저술'이라는 뜻인 'Ta Meta Ta Physica'라고 명명한 것이란다. '메타피직스'라는 단어는 이렇게 생긴 것이다.

그렇다면 '메타피직스'란 무슨 대단한 명칭이 아니고 '자연학 다음에 배치한 글'이라는 이야기인데, 이 '메타피직스'가 배를 타고 동아시아로 건너와 '형이상(形而上)'이라는 이름표를 부여받으면서 우리 같은 철학 입문자들에겐 난해하고 신비로우며 마냥 어리벙벙한 낱말 '형이상학'이 되어버린 것이다. 그리스어에 충실하게 '자연후학(自然後學)'이라 불렀다면 얼마나 좋았을까?

> 모든 인간은 본래 앎을 추구한다(Men have, by nature, the desire to know).

《형이상학》의 첫 문장이다. 인간을 호모사피엔스로 정의하는 오늘날의 관점은 이미 2400년 전에 아리스토텔레스에 의해 만들어졌다. 이는 아리스토텔레스 자신이 철학을 하는 이유를 웅변하는 문장이기도 하다. '사람은 본디

알고 싶어하는 본성이 있는 거야. 그래서 철학이 있는 거지. 쓸모 때문이 아니야. 세계가 참으로 경이롭잖아? 지혜를 찾는 것은 이익 때문이 아니지. 우리는 앎을 통해 자유인이 되는 거야. 알아가는 것만큼 즐거운 일이 또 있을까?'

인간은 분명히 어떤 쓸모 때문에 지혜를 찾는다. 학문은 늘 실용성과 연관되어 있다. 하지만 그것이 전부는 아니다. 인간에게는 앎을 추구하는 본성이 있다. 아리스토텔레스에 따르면 진리 탐구는 그 자체가 목적이다.

'정치학', 스승의 이상국가를 비판하다

플라톤은 그의 《국가》에서 통치자들의 부정부패를 엄단하기 위해선 모든 통치자들의 사유재산을 금지해야 한다고 주장했다. '친구는 모든 것을 공유한다'면서 심지어 부인과 자식까지도 공유하자고 제안했다. 이상주의란 그런 것이다. 이상을 향해 과도하게 집착하면 아비 어미도 모르게 된다.

스승 플라톤이 이상 사회 건설에 뜨거운 열정을 품은 철학자였다면 반대로 제자 아리스토텔레스는 현실을 직시하고 이 현실을 움직이는 법칙을 찾아 나선 냉정한 과학자였다. 늘 하늘을 가리키던 스승의 손가락과 달리 아리스토텔레스의 손가락은 세상을 가리킨다. '스승님, 그게 아닙지요. 국가는 이해관계가 다른 여러 집단이 모여 어울려 사는 곳이어

요. 국가는 가정이 아닙지요.'

스승이 이상을 향해 날아간 부나비였다면 제자는 한 방울의 꿀을 모으기 위해 이 꽃 저 꽃 사이를 부지런히 날아다닌 꿀벌이었다. 아리스토텔레스는 자기 자신을 사랑하는 것은 죄악이 아니라고 본다. 모든 생명체가 자신의 생존을 돌보는 것은 자연스러운 현상 아닌가? 문제는 이웃을 외면하고 자기 혼자만 살려고 하는 과도한 자기애, 이기적 성향이다. 솔직히 인정하자. 아무리 친한 친구라도 함께 여행하면 사소한 일로 다투게 되지 않던가?

플라톤은 이상국가를 실현하는 과정에서 사유재산이 통치자들의 분열을 초래할 것으로 보았다. 이에 대해서도 아리스토텔레스는 이견을 낸다. '스승님, 과도한 통일성은 국가의 본성에 배치됩지요. 통일성이 높으면 가정이 되고 개인이 되고 말아요. 국가에 있어서 중요한 것은 다양성의 실현입니다.'

플라톤은 이상적인 정치형태를 철인정치(哲人政治)에서 찾았다. 철인정치란 철인이 왕이 되거나 왕이 철인이 되는 경우를 말한다. 정치란 고도의 기술이어서 최고로 훌륭한 자가 담당해야 하는 일이지, 어중이떠중이들의 제비뽑기에 맡겨두어도 좋은 일이 아니라는 게 소크라테스의 지론이었다. 소크라테스의 지론을 '최선자 정치'라고 명명한다면, 이 '최선자 정치'가 플라톤에게 넘어와 '철인정치'로 정식화된다.

'왕을 철인으로 만들라!'는 플라톤의 지상 명령은 왕을 도덕 군주로 개조하고자 했던 동양의 성리학과 정확히 일치한다. 조광조가 경연을 통해 중종을 의식화하고자 한 것이나, 이이가 〈만언봉사〉를 통해 선조를 개혁 군주로 변화시키고자 애썼던 것은 시칠리아의 디온을 철인왕으로 개조시키고자 했던 플라톤의 실험과 똑같은 시도였다.

역시 아리스토텔레스는 현실적이었다. 그는 스승의 철인정치를 사양한다. '국가란 이해가 서로 다른 집단이 모여 어울려 사는 곳'이다. 독재는 좋지 않다. 그 어떤 특정 집단의 독재도 국가의 본성을 해친다. 부자들의 이익도 존중하고 가난한 사람들의 이익도 존중하는 정체가 좋다. 부자들의 과두정과 가난한 사람들의 민주정, 두 정체의 좋은 점을 따른 혼합정이 바람직한 정체다.

세월이 너무 많이 흘렀다. 현대의 정치 시스템은 고대 폴리스의 정치 시스템과 완전 다르다. 하지만 이상이 아닌 현실에서 좋은 점을 뽑아 혼합하고자 하는 아리스토텔레스의 실용적 사고, 한번쯤은 배울 만한 것이 아닌가?

《시학》, 모방을 이야기하다

철학과 정치학에서 갈라선 두 현자, 플라톤과 아리스토텔레스. 그들의 갈라섬은 문학과 예술에 관한 논점에서도 극적으로 드러난다. 플라톤은 호메로스 서사시의 교육적 가치에 대해 매우 비판적이었다. 제우스가 헤라의 미모에 홀리는 장면이나 아킬레우스가 헥토르의 시신을 잔혹하게 다루는 장면은 신의 완전성을 비하하는 대목이기 때문에 아이들에게 읽혀서는 안 된다고 말했다. '시가(詩歌)를 검열하라.'

예술에 대한 주된 플라톤의 공격은 《국가》 10권에서 다시 전개된다. 그는 예술가들을 사기꾼 취급한다.

> 예술은 이데아를 모방하는 것이 아니다. 예술은 이데아의 모상(模像)에 불과한 현실을 다시 모방하는 것이다. 따라서 예술가는 진리 탐구에 있어서 가장 위험한 존재들이다.

여기에 세 종류의 침대가 있다. 신은 '이데아의 침대'를 만들었다. 이 이데아의 침대를 모방하여 목수는 '현실의 침대'를 만들었다. 그리고 화가는 이 현실의 침대를 모사하여 '그림 속의 침대'를 그렸다. 철학하는 사람이 온 정신을 집중할 곳은 '이데아의 침대'인데 '그림 속의 침대'는 '이데아의 침대'로부터 가장 멀리 떨어져 있어서 이데아를 인식하고자 하는 우리의 노력을 방해할 뿐이다.

이상한 일이다. 위대한 현자, 플라톤이 왜 예술을 씹지? 알고 보니, 플라톤이 씹고 있는 대상은 예술 일반이 아니라 서사시였다. 그가 경계하는 사람은 예술가 일반도 아니요, 시인 일반도 아니었다. 그가 경계하는 사람은 고대 헬라스 사람들이 '우리의 교사'라고 칭송하길 주저하지 않았던 '그 시인' 호메로스였다.

다시 아리스토텔레스는 이견을 제출한다. '스승님, 아니지요. 인간은 모방을 통해 지식을 습득하지요. 또 모방된 것을 보며 쾌감을 느낀답니다. 모방이야말로 인간의 본성이 아닌가요?'

《시학》은 이렇게 말한다. "서사시와 비극은 모두 모방의 양식이다."

어린이들이 소꿉놀이를 하는 것은 어른을 흉내 내면서 갖는 묘한 쾌감 때문이다. 모방은 인간 본성에 내재한다. 인간이 다른 동물과 다른 점도 모방에 있다. 인간의 배움도 선배들의 지식을 모방하는 데서 시작하는 것 아닌가?

그렇다면 플라톤의 지적처럼 모방은 진리로부터 멀어져가는 행위가 아니라 오히려 진리로 다가가는 행위다. 아리스토텔레스는 한술 더 뜬다. 문학과 예술이 철학에 더 가깝다는 것이다. 역사는 이미 일어난 사건을 기술하는 것에 불과하지만 시는 인생에서 일어날 수 있는 개연적인 이야기들을 다룬다. 역사보다 시가 매우 철학적인 작업이라는 것이다. 대단한 통찰이다. 《시학》은 말한다.

> 시인의 임무는 일어날 수 있는 일을 이야기하는 것이다. 역사가와 시인의 차이는 산문을 쓰느냐, 운문을 쓰느냐에 있는 것이 아니다. 역사가는 일어난 일을 이야기하고 시인은 일어날 수 있는 일을 이야기한다. 역사는 개별적인 것을 말하지만 시는 보편적인 것을 말한다. 따라서 시는 역사보다 더 보편적이고 더 철학적이다.

문학의 효용은 무엇인가? 독자들의 생각을 도덕적인 방향으로 개조하는 데 있다고 보는 교시설이 있다. 반대로 독자들에게 한 보따리의 즐거움을 주는 데 있다고 보는 쾌락설이 있다. '애국가'의 가사 같은 글이 교시설의 산물이라면 김영랑의 시 〈모란이 피기까지는〉과 같은 글이 후자의 산물이다. 플라톤과 아리스토텔레스는 이 논제를 놓고도 갈라진다. 호메로스의 불경한 시를 어린이에게 읽혀서는 안 된다고 했던 플라톤은 교시설의 원조다.

그렇다면 또 제자는 어떤 이견을 냈을까? '선생님, 문학이 별건가요? 비극을 보고 연민과 공포를 느끼면서 감정의 카타르시스를 경험하는 것이 비극의 효용입죠.' 몸이 찌꺼기를 배설하듯, 정신 역시 영혼의 찌꺼기를 배설해야 한다. 카타르시스는 영혼의 정화다. 배설의 쾌감을 강조하는 아리스토텔레스는 쾌락설의 원조다.

《니코마코스 윤리학》, 사람은 무엇을 위해 사는가

현자들이 추구한 인생의 궁극적 가치는 저마다 다르다. 예수는 하늘의 뜻이 지상에서도 이루어지도록 매일 기도했다. 하늘나라의 실현, 이것이 예수의 목표였다. 미망을 깨우치고 열반에 도달할 수 있도록 중생을 안내하는 것, 이것이 석가의 목표였다.

공자가 추구한 가치는 '인(仁)'이었고 노자가 추구한 것은 '무위자연'이었다. 플라톤이 추구한 지고의 가치는 '선의 이데아'였다. 그러면 아리스토텔레스가 추구한 삶의 궁극적 가치는 무엇이냐?

《니코마코스 윤리학》의 시작은 소박하다. 그는 어려운 개념을 말하지 않는다. 세상을 있는 그대로 본다. 세상 사람들이 추구하는 것은 무엇이더냐? 그것은 '행복'이다. 아리스토텔레스는 행복한 삶이 인생의 목적이라는 지극히 상식적인 생각에서 출발한다.

그러면 행복은 무엇인가? 사람들은 행복을 부와 명예에서 찾기도 하고 쾌락에서 찾기도 한다. 세상 사람들이 쾌락과 명예를 좋아한다는 평범한 사실을 아리스토텔레스도 부정하지 않는다. 하지만 쾌락을 추구하는 삶은 노예나 짐승의 삶이지 인간의 목적이라 할 수 없다고 본다. 더러는 명예를 얻기 위해 정치적인 삶을 선택한다. 하지만 명예를 얻기 위한 삶은 명예를 주는 사람에게 의존적이다. 그렇지 않은가? 역시 불완전한 삶이다.

아리스토텔레스는 행복의 조건으로 다음 세 가지를 제시한다. 첫째, 행복은 그 자체가 목적이어야 한다. 둘째, 행복은 활동이어야 한다. 행복은 특정의 심리 상태가 아니다. 원하면 선택할 수 있고 언제든 반복할 수 있는 활동이어야 한다. 셋째, 행복은 인생 전반에 걸쳐 진행되는 지속적인 활동이어야 한다.

그렇다면 어떤 활동이 행복을 주는 활동인가? 음식물의 섭취는 인간만의 기능이 아니다. 성장은 식물의 기능이다. 감각 또한 인간 고유의 기능이 아니다. 감각은 동물의 기능이다. 그렇다면 인간 본연의 기능은 무엇인가? 그것은 영혼 안에 있는 이성의 기능이다. 기타를 잘 연주하는 사람이 훌륭한 기타 연주자이듯, 이성이라는 악기를 잘 다루는 사람이 바로 훌륭한 삶을 사는 사람이다. 아리스토텔레스는 권유한다. '인간다운' 활동을 선택하라.

진실한 사람, 유머러스한 사람, 온화한 사람, 포부가 큰 사람이 되라. 자신의 인격을 고결하게 간직할 줄 아는 자유인, 전쟁터에서는 용맹하고 일상의 삶에서는 절제할 줄 아는 인간, 바로 이런 사람이 이성이라는 악기를 잘 다루는 사람이다.

하지만 행복한 인생에 대해 아직 말하지 않은 것이 있다. 바로 친구다. 친구란 '두 개의 몸에 깃든 한 개의 영혼'이다. 친구 없는 삶은 불행하다. 쾌락 때문에 사귀는 친구가 있고, 이익 때문에 사귀는 친구가 있다. 젊은이는 쾌락 때문에 친구를 사귀고 노인은 이익 때문에 친구를 사귄다. 하지만 젊음이 시들면 함께 놀던 친구도 소원해지고 얻을 게 없으면 우정도 끝난다. 따라서 가장 완전한 친애는 좋은 사람들, 탁월한 사람들 간의 친애다. 인격과 인격이 맞닿아 울림을 주는 친구, 이런 친구를 만날 때 우리는 행복하다.

마지막으로 행복한 삶은 관조에 있다고 아리스토텔레스는 말한다. 그는 특유의 철학자적인 견해로《니코마코스 윤리학》의 대미를 장식한다.

> 행복한 삶은 탁월성에 따른 삶이다. 인간의 탁월성은 지성에 있다. 지성의 활동을 우리는 관조라고 하는데, 관조야말로 인간에게 가장 순수하고 견실하며 자족적인 즐거움을 준다. 관조는 최선의 활동이고 영속적 활동이며 즐거운 활동이다.

아리스토텔레스에 따르면 관조는 신적인 활동이다. 지성을 따르는 삶이 가장 좋고 가장 즐거운 것이다.

사람다운 사회를 위하여

다시 묻자. 행복한 삶이란 무엇인가? 아리스토텔레스는 행복론을 전개하면서 한 가지 망각한 사실이 있다. 인간은 사회적 동물이다. 맞다. 그래서 인간에겐 친애가 소중하다. 인간은 이성적 존재다. 맞다. 그래서 인간에게는 깨달음의 즐거움이 있다. 그런데 인간은 사회적, 이성적 존재이기 이전에 노동하는 존재다. 이걸 아리스토텔레스가 빠뜨렸다.

오스트랄로피테쿠스가 원숭이로부터 인간으로 진화해 나올 수 있었던 위대한 특질은 노동에 있었다. 두 손으로 사물을 만지작거리면서 자신의 생존에 유용하게 사물을 변화시키는 활동이야말로 인간을 인간으로 길러낸 원동력이다. 노동이 인간의 본질적 특성이라면 아리스토텔레스는 그의 윤리학을 정정해야 한다. 그가 노동을 노예들의 활동으로 보았던 것은 불가피한 시대적 한계였다.

노동은 인간의 의식적인 활동이다. 자신의 생각에 따라 집을 지어낸 목수, 자신의 감성에 따라 조각하는 예술가는 행복하다. 모든 행복한 삶의 전제 조건은 노동에 있다.

기쁨의 원천이어야 할 노동이 생존을 위한 수단으로 전락한 사회는 비참하다. 먹고살기 위해 원치 않는 일을 하는 사회는 불행하다. 사람이 사람다운 일을 할 때 가장 행복하다고 말한 아리스토텔레스의 가르침을 기억하자. 우리는 과연 사람답게 살고 있는가?

《형이상학(Metaphysica)》

아리스토텔레스가 생전에 강의했던 노트들을 기원전 1세기에 안드로니코스가 정리해서 철학서로 펴냈다. 이 책에서 아리스토텔레스는 플라톤의 이데아론을 비판하고 실재론을 설명하면서 형이상학의 가장 근본적인 문제들을 다루었다. 바로 여기서 '형이상학'이라는 철학 분과가 탄생했다. 전 14권으로 구성된 《형이상학》은 아리스토텔레스의 광범위한 저술 가운데 대표작으로 손꼽히며, 서양 고대 철학의 준거가 되는 저작이다. 2000년이 넘는 세월 동안 인류의 지성과 철학에 엄청난 영향력을 미친, 우리 시대의 진정한 고전이다.

《시학(Poetica)》

원제인 'peri poiētikēs'는 '시작에 관하여'라는 의미지만 창작학 일반을 광범위하게 다루고 있는 저술이다. 아리스토텔레스의 다른 작품들과 마찬가지로, 이 저서도 출간을 위한 것이 아니라 강의 노트로 보인다. 현재 전해지는 26장의 대부분은 비극론이 차지하고 있다. 비극론에 이어 희극을 논한 제2부가 있었던 것으로 보이지만 전해지지 않는다.
예술 활동 전반이 인간의 모방 본능에 뿌리박고 있다는 모방설에서부터 카타르시스 이론에 이르기까지 르네상스기 이후 서구 문학과 예술 사상에 지대한 영향을 미쳤다.

《니코마코스 윤리학(Ethica Nicomachea)》

아리스토텔레스 만년의 가장 원숙하고도 구체적인 사색을 드러낸 위대한 윤리 철학서로, 전 10권으로 구성되어 있다. 아리스토텔레스의 강의 노트를 그의 아들인 니코마코스가 정리했기 때문에 '니코마코스 윤리학'이라는 제목이 붙었다.
《니코마코스 윤리학》은 모든 행위의 목적은 행복의 추구라는 논점에 따라 행복, 중용과 덕, 정치적 사려, 쾌락과 우애 등을 순차적으로 설명하면서 윤리학의 실천적 성격의 전형을 보여준다.

Chapter 4

왕에게 삿대질하는 노인

맹자
孟子

권문세족이 발호하고 온갖 악행이 난무하던 고려 말, 정도전은 귀양지인 전라남도 나주에서 한 권의 책을 읽은 뒤, 썩어빠진 고려를 뒤엎겠다는 역성혁명의 웅지를 품고 조선의 설계자로서 행동에 나서게 된다. 우리 역사의 결정적인 순간을 함께하며 시대의 흐름을 이끌었던 그 한 권의 책이 바로 《맹자》다. 촘촘한 신분제의 질곡 속에서 '민심은 천심이고 권력의 원천은 백성'이라는 혁명적인 주장을 펼치며 왕도정치를 설파했던 중국의 사상가 맹자. 이제 2300여 년의 시간을 훌쩍 뛰어넘은 오늘날, 맹자의 사상은 여전히 울림을 잃지 않았다. 이 격변의 시대에 맹자의 사상은 어떤 의미를 가질까?

《맹자》의 서두는 대뜸 양혜왕(梁惠王)과의 친견으로 시작한다. 맹자가 양혜왕을 만났다. 왕은 말했다. "노인께서 천리를 멀다 않고 오셨으니, 저희 나라를 이롭게 하여 주시겠지요?" 양혜왕은 위나라의 제후다. 감히 왕을 칭했고 시호를 혜라 했다. 《사기(史記)》에 "혜왕 35년에 예를 낮추고 폐백을 후히 하여 현자를 초청하자 맹가(孟軻)가 양 땅에 이르렀다"라고 했다. 가(軻)는 맹자의 이름이다.

기원전 4세기는 중국의 중원과 유럽의 그리스에서 현자들의 지혜가 꽃을 피운 시기였다. 아테네를 찾은 소피스트들은 아테네의 청년들을 상대로 변론술을 가르치는 논술 강사였다. 소피스트들에 비해 중국의 현자들은 한층 격이 높았다. 그들은 왕의 초청을 받아 한 수의 지혜로운 담론을 폈다. 아테네인들이 소피스트를 논술 강사로 고용했다면 중국의 왕들은 현자들을 왕사(王師)로 맞이했다.

지금 양혜왕이 말한 이(利)는 나라를 부유하게 하고 군대를 강하게 하는 부국강병 따위를 의미한다. 요즘 말로는 국가경쟁력 제고 방안이다.

"왕은 하필 이(利)를 말씀하십니까? 인의(仁義)가 있을 뿐입니다."

맹가의 직언은 오늘 우리가 보기에도 민망하다. 왕은 맹가에게 노인

이라 존칭했다. 또 폐백을 후하게 드리는 인사를 생략하지 않았다. 그런데 맹자는 보자마자 삿대질이다.

양혜왕, 당신, 장사꾼 아니오? 맹자가 왕에게 삿대질한 것은 그 같은 왕들의 욕심이 천하를 혼란의 구렁텅이로 몰아넣었다고 보았기 때문이다. 맹자는 논술한다.

> "왕께서 어떻게 하면 내 나라를 이롭게 할까 하시면 대부(大夫)들은 어떻게 하면 내 집안을 이롭게 할까 하고, 사(士)나 서인(庶人)들은 어떻게 하면 내 몸을 이롭게 할까 하여, 윗사람과 아랫사람이 서로 이를 취한다면 나라가 위태로울 것입니다."
>
> -《맹자집주》 중에서

이익 그 자체가 나쁜 것은 아니다. 문제는 이익을 나의 소유로 챙기고 싶은 마음, 즉 사리사욕이다. 전국시대의 하극상은 여기에서 비롯된 것이다. 만승의 나라에서 그 군주를 시해하는 자는 반드시 천승을 가진 공경의 집안이요, 천승의 나라에서 그 군주를 시해하는 자는 반드시 백승을 가진 대부의 집안이라는 지적에 양혜왕은 소름이 끼쳤을 것이다. 의를 뒤로하고 이를 먼저 한다면 사람의 욕심이란 모든 것을 빼앗아도 만족하지 않는다는 맹자의 지적은 오늘 현대 사회에 대한 예언인 것 같다.

"아, 이(利)는 진실로 난(亂)의 시초다"라며 사마천은 읽던 책을 덮고 탄식했다고 한다.

그렇다면 이가 정녕 나쁜 것인가? 노자는 《도덕경》 〈상선약수〉 편에서 "물은 만물을 이롭게 하고 다투지 않는다"고 했다. 《주역》에서도 네 가지 좋은 덕목을 원(元), 형(亨), 이(利), 정(貞)으로 꼽았다. 자신의 몸에 좋은 것을 먹고 자식들에게 좋은 옷을 입히는 것은 자연스러운 일이다.

"타인의 호의에 의존하여 살아가는 사람은 오직 거지뿐이다. 우리가 고기를 사 먹을 수 있는 것은 푸줏간 주인의 이기심 덕택이다"라는 말로 일약 세계적 스타가 된 애덤 스미스, 그의 이기심 옹호는 차분히 생각해보면 상식적인 언급이었다. 인간은 일신과 가족의 생계를 돌보아야 한다. 의식주를 해결하기 위한 인간의 생산 활동을 이기적이라고 비난하는 이가 있으면 뺨을 때려주어야 한다. 맹자 역시 백성들의 이익 추구 활동, 백성들의 생산 활동은 정당하다고 보았다. 생산 활동이 안정되어야 백성의 마음도 안정된다고 말했다. 백성의 안정된 생산 활동이 왕도의 시작이라고까지 선언했다.

"농사철을 어기지 않게 하면 곡식을 이루 다 먹을 수 없으며, 촘촘한 그물을 웅덩이와 연못에 넣지 않으면 물고기와 자라를 이루 다 먹을 수 없으며, 도끼와 자귀를 때에 따라 산림에 들어가게 하면 재목을 이루 다 쓸 수 없을 것입니다. 곡식과 물고기와 자라를 이루 다 먹을 수 없고 재목을 이루 다 쓸 수 없으면 이는 백성으로 하여금 산 이를 봉양하고 죽은 이를 장송(葬送)함에 유감이 없게 하는 것이니,

산 이를 봉양하고 죽은 이를 장송함에 유감이 없게 하는 것이 왕도의 시작입니다."

– 《맹자집주》 중에서

맹자의 농업은 애덤 스미스의 상공업이다. 애덤 스미스가 강조한 푸줏간 주인의 이기심은 상공인들의 경제활동을 추동하는 마음이며, 맹자가 강조하는 농사의 철은 농업이 중시하는 시기의 적절함이다. 상공인들의 자유로운 경제활동을 보장하라는 스미스의 자유방임주의는 농민들이 철을 어기지 않도록 잡다한 부역을 시키지 말라는 맹자의 민본주의와 정확히 동일하다.

지금 맹자가 양혜왕의 이익 추구를 비난하고 나선 것은 양혜왕이 필부가 아니고 왕이기 때문이다. 왕은 공인이다. 공동체의 수장이란 말이다. 견리사의(見利思義), 이익을 보면 대의를 생각하라. 당신이 왕이라면 먼저 백성의 평안을 염려해야 하는 것 아닌가?

여민동락과 역성혁명

맹자와 만날 때 양혜왕은 연못가의 기러기와 고라니를 돌아보고 말했다. "현자도 이것을 즐거워합니까?" 첫 만남부터 호되게 당한 양혜왕, 기러기와 고라니를 보는 즐거움도 이(利)가 아닌가, 조심스레 묻는다.

맹자가 대답했다. "현자인 뒤에야 이것을 즐거워할 수 있습니다. 어질지 못한 자는 이것을 즐거워하지 못합니다. 《시경》에서 이르기를 '문왕이 영대(靈臺)를 처음으로 경영하여 이것을 헤아리고 도모하시니, 서민들이 와서 일하는지라 하루가 못 되어 완성되었다'라고 했습니다. 옛사람들은 백성과 함께 즐겼습니다. 이 때문에 능히 즐길 수 있었던 것입니다."

맹자가 옮기고 있는 시구는 《시경》〈영대(靈臺)〉에 나온다. 문왕이 비록 백성의 힘을 이용했으나 백성들은 도리어 즐거워하여 '영대'라는 아름다운 명칭까지 붙여주었다. 평소 문왕이 백성을 사랑했기 때문에 백성 또한 문왕의 동산을 즐거워한 것이다.

쾌락을 즐기는 것이 문제가 아니다. 쾌락을 저 혼자 즐기는 것이 문제다. 맹자는 양혜왕에게 충고한다. '백성들과 함께 즐기시오!' 여민동락(與民同樂)은 맹자 사상의 중심이다.

혼자 즐기는 엔터테인먼트는 말초 신경을 자극할 뿐 마음은 공허하다. 인간은 사회적 동물이어서 함께 즐겨야 벅찬 신명을 누린다. 슬픔을 함께 누리면 절반으로 줄고, 기쁨을 함께 누리면 배가 된다. 동고동락(同苦同樂)하는 것이다.

맹자는 양혜왕에게 묻는다. "칼로 사람을 죽이는 것과 정사로 사람을 죽이는 것이 차이가 있습니까?" 왕은 "차이가 없습니다"라고 말했다. 걸려들고 있는 것이다. 맹자는 말한다.

"임금의 푸줏간에는 살진 고기가 있고 마구간에는 살진 말이 있으면서 백성들은 굶주린 기색이 있고 들에는 굶어 죽은 시체가 있다면 이것은 짐승을 몰아서 사람을 잡아먹게 한 것입니다."

'양이 사람을 잡아먹는다'면서 16세기 영국 농민들의 참상을 고발한 토머스 모어도 같은 생각이었을 것이다. 뿐만인가. 암행어사 이몽룡은 조선 양반들의 민중 착취를 이렇게 성토했다.

금동이의 좋은 술은 천 사람의 피요(金樽美酒 千人血),

옥반 위의 맛있는 안주는 만백성의 기름이라(玉搬佳肴 萬姓膏).

맹자는 말한다. "늙었으면서 아내가 없는 것을 환(鰥)이라 하고, 늙었으면서 남편이 없는 것을 과(寡)라 하고, 늙었으면서 자식이 없는 것을 독(獨)이라 하고, 어리면서 부모가 없는 것을 고(孤)라 하니, 이 네 가지는 천하의 곤궁한 백성으로서 하소연할 곳이 없는 자들입니다. 문왕은 선정을 펴고 인을 베푸시되 이 네 사람들을 먼저 하셨습니다. 《시경》에 이르기를 부자들은 괜찮거니와 이런 곤궁한 이가 가엾다고 했습니다." 환과고독을 돌보는 것, 이것이 왕의 기본 의무다.

제선왕(齊宣王)이 맹자에게 곤혹스러운 질문을 던졌다. "탕(湯)왕이 걸(桀)왕을 유치하고 무(武)왕이 주(紂)왕을 정벌하였다 하니, 그러한 일이 있습니까?" 맹자가 대답했다. "옛 책에 있습니다." 왕이 물었다. "신하가 군주를 시해함이 가합니까?" 맹자가 말했다.

> "인을 해치는 자를 적(賊)이라 하고 의를 해치는 자를 잔(殘)이라 하고 잔적(殘賊)한 사람을 일부(一夫)라 이르니, 일부인 주를 베었다는 말은 들었고 군주를 시해했다는 말은 듣지 못했습니다."

《맹자》는 간결하다. 민심이 천심이요, 권력의 원천은 백성에게 있다. 백성의 생업을 안정시키는 것이 왕도의 시작이요, 환과고독을 돌보는 것은 왕의 의무다. 백성과 함께 울고 백성과 함께 웃는 것이 군주의 길. 백성을 괴롭히는 왕은 이미 왕이 아니다. 하나라의 폭군 걸과 은나라의 폭군 주는 왕이 아니다. 시정잡배에 불과한 일부일 뿐. 갈아치워야 한다.

영국의 존 로크는 국민의 자유와 안전과 재산을 보호하기 위해 정부가 존재한다고 말했다. 정부가 국민의 기본권을 보호하지 못하고 침해할 때 국민은 정부를 타도하고 새로운 정부를 세워야 한다고 말함으로써 국민의 혁명권을 정당화했다. 17세기 영국에 로크가 있었다면 그보다 2000년 앞서 동양에는 맹자가 있었다.

조선이라는 나라의 창립 기획자, 정도전이 역성혁명의 웅지를 간직하게 된 것은 젊은 시절 전라남도 나주에서 유배 생활을 한 덕분이었다. 그는 백성의 가렴주구 위에서 호화 사치를 즐기는 고려의 귀족과 왕에게서 이미 천심은 떠났다고 보았다. 정도전은 굳게 주먹을 쥐었다. 고려

왕조는 삼봉(三峰, 정도전의 호)의 기개를 품지 못했고 젊은 야심가는 유배지의 쓸쓸한 바람 속에서 뜻을 다졌다. 이때 정몽주는 한 질의 비밀 문건을 보따리에 고이 싸서 벗에게 보낸다. 정도전은 이 문건 속에서 자신의 뜻이 정당함을 알았고 뜻을 펼칠 이념의 길을 확인했다. 《맹자》가 그 책이다.

오륜의 탄생

인간은 자신의 생존을 사회적 관계를 통해 해결하는 사회적 존재다. 개나 돼지를 사회적 존재라고 하지 않는다. 개나 돼지는 인간처럼 사회적 관계를 구축할 수 없다. 인간의 사회성은 개와 돼지로부터 인간을 구분하는 1차적 표지다.

개인과 사회의 관계를 놓고 개인이 우선이냐 사회가 우선이냐 따지는 사람들이 있는데, 뭘 몰라도 한참 모르는 이야기다. 인간은 처음부터 사회적 존재다. 사회로부터 고립된 순수 '개인'은 존재하지 않는다. 개인주의적 성향이 강한 인간이 있을 뿐, 순수 '개인'은 존재하지 않는다.

인간의 사회성은 수학의 공리처럼 모든 논리의 출발점이다. 왜 인간은 사회적 존재인지 묻지 마라. 그것은 한국인은 왜 한국말을 사용하는가를 묻는 것과 같다. 인간은 사회적 존재로 태어난다. 그리하여 사회적 성격을 본성으로 가진다. 맹자는 선언한다.

측은지심(惻隱之心)이 없으면 사람이 아니고, 수오지심(羞惡之心)이 없으면 사람이 아니고, 사양지심(辭讓之心)이 없으면 사람이 아니고, 시비지심(是非之心)이 없으면 사람이 아니다. 측은지심은 인(仁)의 단서요, 수오지심은 의(義)의 단서요, 사양지심은 예(禮)의 단서요, 시비지심은 지(智)의 단서다.

맹자의 성선설(性善說)에 대해 사람들은 의문을 제기했을 것이다. '선생님은 인간이 본성적으로 착하다고 하지만 현실에선 제 이익만 챙기는 망나니들이 많잖아요?' 그래서 맹자는 나무 없는 우산(牛山)의 비유를 들려준다. 우산의 나무가 일찍이 아름다웠는데, 사람들이 도끼와 자귀를 들고 와 매일 나무를 베니, 어찌 무성할 수 있겠는가? 나무들은 밤낮 없이 자라고 비와 이슬이 적셔주어 새싹이 나오건만 소와 양이 들어와 매일 뜯어먹으니 이렇게 민둥산이 된 것이다. 사람들은 그 민둥산을 보고는 일찍이 나무가 없었다고 하나, 이것이 어찌 산의 본 모습이겠는가?

성악설(性惡說)은 인간이 본래 악하다고 단정하지만 성선설은 인간이 본래 선했다면서 인간이 악행을 저지르는 것은 잘못된 사회 환경 탓이라고 주장한다. 전시의 인간은 각박하다. 영화 〈태극기 휘날리며〉에서 장동건은 압록강을 향해 북상하면서 점차 전쟁의 살인마가 되어간다. 그는 동네 아우를

살해한다. 죽고 죽이는 극한 상황에 놓인 인간은 누구나 성악설의 모델이 된다.

하지만 장동건이 처음부터 악한 사람이었던 것은 아니다. 한국전쟁이라는 역사적 조건이 선남선녀들을 악귀로 빨아들였던 것이다.

자본주의적 환경이 인간을 얼마나 악독하게 만들어버리는지 우리는 지난 근대화 과정에서 목격했다. 순박한 시골 처녀들을 환기도 되지 않는 다락방에 집어넣고 하루 12시간씩 중노동을 시켰던 1970년대 청계천 봉제 공장 사장들도 처음부터 악랄한 사람들은 아니었을 것이다. 자본 상호 간의 경쟁이 인간을 피도 눈물도 없는 자로 만들어나가는 예들을 우리는 너무 많이 목격했다.

오늘 우리의 모습이 얼마나 타락해버렸는지 돌아보자. 아무리 자주 반성해도 지나침이 없다. 맹자의 오륜은 인간이 어떻게 살아야 하는지를 가리키는 북두칠성 같은 나침반이다.

> 부자간에는 친함이 있으며, 군신 간에는 의리가 있으며, 부부간에는 분별이 있으며, 장유 간에는 차례가 있으며, 붕우 간에는 믿음이 있는 것이다.

조심할 게 있다. 부부유별(夫婦有別)은 남녀 차별이 아니다. 살을 섞는 부부는 좀 떨어져 있는 게 낫다. 각자의 역할과 책임을 분유(分有)하면서 상호 존중하는 관계, 이것이 이상적인 부부관계요, 부부유별의 정신이다.

찬물도 위와 아래가 있다는 속담처럼 장유유서(長幼有序)는 어른과 젊은이의 수직적 지배 복종 관계를 말하는 것으로 알려졌다. 장유유서라는 것이 젊은이에 대한 연장자의 특권을 보장하는 윤리일까?

내가 너의 인격을 존중하고 네가 나의 인격을 존중하는 상호 신뢰의 관계를 전제한다면 젊은이가 먼저 노인에게 인사를 올리고 노인이 젊은이에게 화답하는 것이 꼭 봉건적인 구습일 거야 없잖은가? 형이 자신의 볏단을 동생에게 주고 동생도 자신의 볏단을 형에게 주는 신뢰와 호혜의 관계를 전제한다면 장유유서는 매우 자연스러운 인간관계의 질서일 것이다.

끔찍하게 인간관계가 파괴되고 있다. 이웃을 잃고 벗을 잃고 무얼 바라며 살 것인지. 친구 간의 의리를 맹세하던 사춘기의 패기가 그립다. 붕우유신(朋友有信)은 재론의 여지가 없는 인륜이다.

군신유의(君臣有義)를 살펴보자. 만일 군신유의에 나오는 군이 제 사익만 챙기는 전제군주가 아니고 공동체의 대의를 위해 헌신하는 군주라면 그 군주에게 바치는 충성은 군주의 헌신에 대한 정당한 예우일 것이다.

누가 누구에게 뺏고 빼앗기는 이해타산의 견지에서 맹자의 오륜을 해석하지 말자. 인간 상호 간의 관계를 중시했던 현자의 깊은 뜻을 공감한다면 오륜은 21세기를 이끌어가는 현대인의 윤리로 거듭날 수 있을 것이다.

떠나가는 맹자

《주역》에 곤(困)괘가 있다. '피곤하다', '노곤하다'의 곤이다. 왜 피곤한가 보았더니 나무(木)가 사방의 차일(口)에 가려져 있는 것이다. 하늘로 뻗고 싶어도 위에 뚜껑이 있고 바람을 쐬고 싶어도 옆이 벽이다. 땅속의 물을 공급받아야 자랄 터인데, 이 나무는 땅과도 차단되어 있다. 사방이 꽉 막힌 상태. 그런데 군자는 이 괘를 보고 초지(初志)를 잃지 말자고 결심한다. 지금은 엄동설한(嚴冬雪寒)의 겨울이다. 언젠가 이 겨울은 봄에게 자리를 양보할 것이다. 봄이 오는 소리에 맞추어 땅속의 씨앗은 서서히 자기를 드러내는 것이다.

맹자의 스승 공자도 어지간히 돌아다녔다. 노나라의 장관직을 버리고 다시 고향으로 돌아온 68세까지 천하를 주유(周遊)했다. 걸어서 18개 나라를 전전걸식(轉轉乞食)할 때의 그 고충이란. 그 자존심 강한 공자가 상갓집 개의 모습이었다고 하지 않는가? 상주는 고인의 주검을 수습하고, 손님을 맞고, 절을 하고, 곡하느라 정신이 없다. 따라서 상갓집 개는 찬밥도 얻어먹지 못하는 신세다.

전국시대의 맹자 역시 다를 바 없었을 것이다. 전국시대의 군주들은 맹자의 왕도정치(王道政治)에 대해 더욱 냉소했을 것이다. 전쟁 같은 경쟁 상황이 맹자의 성선설을 더욱 부정했을 것이다. 오히려 투쟁이 인간의 본성이어서 자연 상태의 인간은 허구한 날 칼을 들고 서로를 죽이기에 여념이 없기에 전제군주에게 강한 권력을 넘겨주고 평화롭게 사는 게 낫다는 홉스의 이론이 왕들에겐 듣기 좋았을 것이다.

보자마자 양혜왕을 묵사발 냈던 맹자의 곧은 기개는 낙락장송이 되어 저 혼자 절벽에서 살아야지, 권력의 저잣거리를 헤매고 다닐 일이 아니었다. 맹자가 제나라를 떠날 때 윤사가 이의를 제기했다.

"왕이 탕왕이나 무왕 같은 성군이 될 수 없음을 모르고 왔다면 이것은 지혜가 밝지 못한 것이요, 불가능을 알면서도 왔다면 이것은 은택을 요구한 것이다. 왕을 만나 뜻이 맞지 않으므로 천 리 먼 길을 떠나가되, 사흘을 유숙한 뒤에 주 땅을 나갔으니 어찌 이리도 오랫동안 체류한단 말인가."

상당히 다듬어진 논변이다. 탕왕과 무왕의 이상만 알고 이상을 실현하는 게 얼마나 힘든지 몰랐다면 현실을 모르는 어린아이요, 탕왕과 무왕의 이상을 이루지 못할 것을 알면서도 상고의 이상 정치에 대해 늘어놓았다면 돈 몇 푼을 받기 위한 말 봉사가 아니었느냐는 힐책이다. 어느 쪽이냐? 맹자가 말했다.

"윤사가 어찌 나를 알겠는가. 천 리 먼 길을 와서 왕을 만나봄은 내가 하고자 한 것이니, 뜻이 맞지 않으므로 떠나감이 어찌 나의 원하는 바이겠는가. 부득이해서였다."

플라톤의 철인정치는 뜻은 좋았으나 이루기 힘든 이상이었다. 철인이 권력을 장악한 경우는 세계사에서도 유례를 찾아보기 힘들며, 권력자를 철인으로 개조하는 데 성공한 경우 역시 이례적이다. 그리하여 조선에서는 유학자들이 떼거리로 달라붙어 왕세자를 철인으로 교육시켰던 것이다.

맹자는 사흘을 유숙한 뒤 주 땅을 출발했다. 왕이 자신의 과오를 고치기를 바랐다. 왕이 만일 고친다면 맹자는 발길을 돌렸을 것이다. 주 땅을 나가는데도 왕이 맹자를 만류하러 좇아오지 않기에 돌아갈 뜻을 거두었다.

맹자의 떠나감은 왕을 버리는 떠남이 아니라 왕을 바로잡기 위한 떠남이었다. 사흘은 왕의 반성과 재고를 위한 뉘우침의 시간이었다. 하지만 왕은 오지 않았다. 떠나는 맹자, 혼자 무어라 했을까? "덕은 외롭지 않고, 반드시 이웃이 있다(德不孤 必有隣)."

하늘을 우러러 한 점 부끄럼 없길

내가 처음 맹자와 대면한 곳은 육군 헌병대하고도 영창이었다. 1978년 12월, 한 해가 뉘엿뉘엿 저물어가는 어느 날이었다. 고단한 나날들이었다. 군대 영창이라서 밥은 먹여주는데, 식사만 하고 나면 헌병들의 독기 서린 기합이 기다리고 있었다. 쪼그려 뛰기는 기본이요, 깍지 끼고 팔굽혀펴기에다 물구나무로 엎드려뻗쳐, 뒤로 굴러 앞으로 굴러 좌로 굴러 우로 굴러, 손가락 사이에 볼펜 넣기, 마루에 머리 박기, 철창 3단 끝에 올라가 버티기. 이것으로도 성이 차지 않으면 연병장에 집합시킨 다음 오리걸음으로 뺑뺑이 돌리기. 아, 가장 악마적인 것은 김일성 눈깔 빼기였다. 양손으로 코끼리 코를 만든 다음 한쪽 손으로 땅을 짚고 제자리에서 엉거주춤한 자세로 스무 번을 도는 것이다. 하나, 둘, 셋…… 구호는 힘차야 한다. 스무 번을 돌고 벌떡 일어서서 전방에 있는 김일성의 얼굴을 향해 뛰어가 힘차게 눈깔을 찌르고 달려온다. 죄수들은 김일성을 향해 직진하려 하나 몸이 45도로 기울어 비틀거리다 마침내는 땅바닥에 코를 박고 쓰러진다.

나는 상관을 폭행한 항명죄를 지은 것도 아니고, 군대의 휘발유를 빼먹은 배임죄를 지은 것도 아니며, 휴가 나갔다가 애인의 품에 눌어붙어 귀대 날짜를 어긴 탈영죄를 지은 것도 아니었다. 이 청년은 박정희 유신정권에 항의하는 유인물을 뿌린 죄로 잡혀와 감옥살이를 하고 있었던 것이다. 군 보안사 수사관들마저도 청년의 순결한 영혼에 공감했던지, 망쳐버린 청년의 앞날을 동정할 뿐이었다.

어느 날 밤 헌병이 철창을 따더니 낮은 목소리로 나의 이름을 불렀다. 따라오라는 것이다. 영창문을 따고, 바깥으로 나가는 문을 또 따고, 다시 문을 따더니 어디론가 나를 데려갔는데, 그곳은 중대장 사무실이었다. 나는 밥풀 세 개를 단 대위를 처음 봤지만 그 대위는 나를 아는 눈치였다. 박정희 유신독재가 마지막 기승을 부리던 시절 그는 자신이 부임하고 있는 헌병대 영창에 고향 후배가 끌려와 있지만 아무것도 도와줄 수는 없어서 통닭 한 마리라도 먹여주는 게 인간의 도리라고 판단한 나머지 이 위험한 만남을 자초했던 것이다. 통닭의 고소한 냄새가 코끝을 덮었다. "애로 사항은 없느냐? 말만 해라. 교도소로 이감할 때까지 봐주겠다. 담배는 피우느냐?" 순진한 청년은 담배도 피우지 않았고 무슨 자존심에서였던지 통닭도 먹지 않았다. 그때 중대장 책장에 꽂혀 있던 한 권의 책이 눈에 들어왔다. 욕심이 났다. "이 책 가져가도 되나요?"

이후 나는 그 책을 육군교도소로, 다시 김해교도소로 가져갔다. 1979

년 7월 17일 나는 김해교도소에서 세상 밖으로 나왔고 그해 10월 궁정동에서 총성이 울렸다. 이듬해 광주가 핏빛으로 물들었다. 30년의 세월이 흘렀다. 파란만장한 세월, 나는 기소중지자가 되어 체포망을 피해 도망 다니는 삶을 살았다.

30년 전 이름도 모르는 어느 대위의 서가에서 뽑아든 《맹자》는 아직도 나의 서가에 꽂혀 있다. 그 외로운 공간에서 《맹자》를 어떻게 독파할 수 있었는지, 돌이켜보면 기이하다. 《맹자》를 처음 대하는 사람은 모두 그 장엄한 문체 앞에서 고개를 숙이게 된다. 맹자와 제자 간에 오고 가는 호연지기(浩然之氣), 참 인상적이었다.

제자 | 선생님께서는 무엇을 잘하시는지 물어도 되겠습니까?

맹자 | 나는 남의 말을 잘 알고 호연지기를 잘 기른다.

제자 | 호연지기란 무엇을 말하는 겁니까?

맹자 | 말하기 어렵다. 그 기(氣)가 지극히 크고 강한 것이다. 이것을 잘 기르고 키우면 천지간을 가득 채울 것이다. 그 기는 의(義)와 도(道)를 배합하여 키워야 한다. 의와 도가 없으면 허약해진다.

《맹자》를 읽고 나는 영창의 마룻바닥에 꿇어앉아 다짐했다. 지금도 그 때의 세 가지 다짐이 생생하다. 하나, 죽어도 사익을 탐하지 않는다. 둘, 민중과 동고동락한다. 셋, 진리를 탐구한다. 어언 30년의 세월이 흘렀다. 이후 나는 《맹자》를 잊고 살았으나, 맹자의 사상은 내 인생 항해를 이끌어준 키였던 것 같다.

인생의 세 가지 즐거움

일은 기쁨의 원천이어야 한다. 직업은 그 자체가 삶의 목적이어야 한다. 직업이 생존의 수단으로 전락해버린 것이야말로 현대 사회의 비극이다. 21세기의 세계는 이제야 '삶의 질'을 찾고 있다. 온 인류가 자신의 활동을 통해 삶의 행복을 누리는 시대가 어서 와야 할 것이다.

맹자는 천하에 세 가지 즐거운 일이 있는데, 왕 노릇 하는 것은 거기 들어가지 않는다고 했다. 요샛말로 대통령이나 CEO는 즐거운 일에 들어가지 않는다는 것이다. 그럼 세 가지 즐거운 일이 무엇일까?

> 부모님이 살아계시고 형제들이 건강하면 이것이 첫째 즐거움이란다(父母俱存 兄弟無故 一樂也).

참, 쉽다. 그런데 부모님이 살아계셔서 언제라도 뵙고 효도할 수 있는 것이 인생의 첫 번째 즐거움이라는 옛 성현의 말씀은 부모님이 돌아가시고 나서야 실감하게 된다. 역설적인 진리다.

> 우러러보아서 하늘에 부끄럽지 않고, 굽어보아서 사람에게 부끄럽지 않은 것이 두 번째 즐거움이란다(仰不愧於天 俯不怍於人 二樂也).

윤동주 시인이 사랑받는 까닭은 그의 〈서

시〉 때문일 것이다. 앙불괴어천(仰不愧於天), "하늘을 우러러 한 점 부끄럼 없기를" 바라는 마음은 우리 모두의 진심이다. 동시에 굽어보아 사람에게 부끄럽지 않은 삶을 맹자는 강조한다.

나의 이익만을 돌보도록 강제하는 사회는 잘못된 사회다. "불의한 부(富)와 귀(貴)는 나에게 뜬구름"이라고 공자는 가르쳐주었건만 우리는 수단 방법 가리지 않고 제 한 몸의 영화(榮華)만을 노리는 무서운 경쟁사회를 살고 있다. 물질의 풍요는 누리지만 영혼은 공허하다. 왠지 죄를 지은 것 같고 불안하다. 잘나가는 톱 탤런트들이 죽고 싶다고 호소하는 사회, 그런 사회를 우리는 살고 있다. 무엇이 잘못되었는가?

> 천하의 영재를 얻어서 교육하는 것이 세 번째 즐거움이다(得天下英才而教育之 三樂也).

선비들은 어려서 공부하고, 자라서 나라 일을 돌보고, 늙어서 제자들을 키우는 것을 인생의 과업이라고 생각했다. 세 명의 왕을 모시며 재상을 지낸 한명회보다 도산서원에서 제자 교육에 매진한 퇴계의 삶을 후손들은 존경한다. 천하를 통일한 진시황보다 공자와 맹자를 더욱 존경하는 것이 우리의 마음이다.

맹자는 젊은이들에게 호연지기를 가르쳤다. 나의 이익보다 모두의 대의를 생각하는 사람, 고통받는 이웃들과 동고동락하는 사람, 상대의 인격을 존중하고 배려하는 삶을 사는 사람은 하늘을 우러러 부끄럼 없이 사는 사람이다. 비록 꽁보리밥에 물을 마실지라도 그의 마음은 태평하다. 일체의 사심이 없어 걸림이 없는 활달한 마음, 호연지기야말로 맹자가 젊은이들에게 준 영혼의 선물일 것이다.

서양의 지식이 사물의 성질을 이해하기 위한 도구적 지식이라면 동양의 지혜는 인격 수양을 위한 밑거름이다. 호연지기로 가득 찬 젊은이는 누구에게도 굴함이 없다.

맹자는 세상을 바로잡으려는 높은 뜻을 세우고 천하를 유랑했다. 기록에 따르면 맹자는 송(宋), 등(滕), 제(齊), 양(梁), 추(鄒), 노(魯) 등의 나라를 돌아다녔다. 힘 있는 자의 말이 곧 법이던 시대에 인과 예를 논하는 맹자는 현실을 모르는 우매한 책상물림으로 보였을 것이다. 말년에 정치의 꿈을 포기한 그는 공자가 그랬듯이 제자들을 데리고 저술에 힘을 쏟았다. 이렇게 태어난 저서가 《맹자》다. 맹자는 개성이 독특한 사상가였다. 왕에게도 하고 싶은 말을 쏟아놓는 기개 높은 선비였다. 고난에 찬 삶 속에서도 그는 드높은 기상을 잃지 않았다.

500년에 반드시 왕이 나온다. 주나라 이래로 700여 년이 지났다. 하늘이 천하를 평치하고자 하신다면 나를 버리고 그 누가 하겠는가?

고전 읽기

《맹자(孟子)》

기원전 4세기경 중국 전국시대의 사상가 맹자가 지었다고 전해지는 유교 경전. 공자가 인(仁)을 논했다면 맹자는 여기에 의(義)를 더하여 왕도정치의 기틀을 마련했다. 맹자는 통치자가 더 이상 인과 의로 다스리지 않는다면 그의 천명(天命)이 다한 것이므로 그러한 통치자는 마땅히 제거되어야 한다는 혁명론을 주장했다. 기본적으로 맹자는 인간의 본성이 선하다고 전제하여 인간을 적극적으로 신뢰하는 성선설을 기본 골격으로 사상을 전개한다. 빈틈없는 구성과 논리, 박력 있는 논변으로 인해 문장 교범으로도 높은 평가를 받아왔으며, 주희가 간행한 유교 경전인 사서(四書)의 하나로서 인정받는 등 오늘날에도 흔들리지 않는 권위를 자랑하는 중국의 대표적 사상서다.

Chapter 5

태양을 멈춘 사나이

코페르니쿠스
Copernicus

"모든 발견이나 이론 중에 코페르니쿠스의 이론만큼 인간의 영혼에 영향을 미친 것은 없다." 괴테의 말처럼 우리는 놀라운 발견이나 엄청난 사건을 '코페르니쿠스적 전환'이라고 부른다. 한마디로 기존의 패러다임을 깨뜨리는 혁명적인 인식의 전환이 바로 코페르니쿠스적 전환인 것이다. 도대체 코페르니쿠스가 무슨 짓을 했기에?

수천 년간 이어온 지구중심의 세계관에서 벗어나 태양중심의 세계관으로 도약했던 코페르니쿠스의 주장은 너무나 급진적이고 파괴적이어서 당대에는 핍박받고 배척당할 수밖에 없었다. 하지만 진리는 끝내 드러나는 법. 코페르니쿠스가 던진 충격파는 신앙의 시대를 끝장내고 이성의 시대를 여는 서곡이 된다.

'혁명'이라는 말을 만들어낸 책, 인류사에서 가장 혁명적인 이론, 세계를 보는 인간의 정신을 완전히 뒤집어버린 저작《천구의 회전에 관하여》의 서문은 이렇게 시작한다.

> 지구를 움직이게 하고 움직이지 않는 태양을 우주의 중심에 놓는, 본 연구의 가설은 새로운 것입니다. 새로움으로 인하여 이미 많은 이들의 관심을 받았습니다. 의심할 바 없이, 일부 학자들은 성질을 낼 것입니다. 지금까지 오랜 세월 동안 정돈되어온 학문에 느닷없이 파란을 일으키는 것은 잘못이라고 그들은 생각할 것입니다.

말이 새로움(newness)이지, 코페르니쿠스의 가설은 황당한 것이었다. '태양은 움직이지 않는다고요.' 아침이면 동쪽에서 떠올라 저녁이면 붉은 노을을 물들이며 서산으로 지는 저 태양이 움직이지 않는단다. 아마도 과학의 이름으로 미치광이 같은 발언을 한 사람을 꼽으라면 코페르니쿠스 말고 찾기 힘들 것이다. 사실, 지구와 태양의 관계처럼 현상과 본질의 관계가 거꾸로 된 경우도 찾기 힘들다. 진리 인식에 인간의 감각이 결정적인 방해가 된 경우를 들라면 태양을 보는 사람의 눈이 대표적일 것이다. 그리하여 가시적인 세계는 모두 허상이요, 진리는

인간의 이성적 사유에 의해 포착되는 것이라는 플라톤의 철학을 가장 적극적으로 뒷받침하는 과학의 선례는 단연 태양중심이론일 것이다.

코페르니쿠스는 이후 전개될 사상의 대혈투를 예견했다. 천동설, 아니 지구중심이론은 얼마나 오랫동안 지배적 특권을 누려왔던가? 지구가 우주의 중심이라는 지구중심이론을 정립한 인물은 그리스의 대철학자 아리스토텔레스였다. 유럽인들은 아리스토텔레스야말로 가장 위대한 철학자요, 철학자는 아리스토텔레스밖에 없다는 견해를 공유하며 살았다. 동물학과 식물학은 물론, 형이상학과 윤리학, 수사학과 시학을 비롯하여 사유의 형식인 논리학을 창시한 지식의 황제 아리스토텔레스. 그의 말이 곧 진리로 통용되던 시대가 있었다. 무려 1800년 동안 말이다.

그는 세계를 둘로 나누었다. 하나는 달 위에 있는 별들의 세계다. 천체는 신성(holy)하다. 신성한 것은 완전하다. 완전한 운동은 원운동이다. 시작도 끝도 없이 영원히 반복하는 운동이 원운동이다. 따라서 태양과 별들은 원운동을 한다. 다른 하나는 달 아래 세계, 지상의 세계다. 땅 위의 모든 사물은 생성과 소멸의 과정 속에 놓인 불완전한 존재들이다. 불완전한 존재들은 직선운동을 한다. 가벼운 것은 하늘로 올라가고 무거운 것은 떨어진다. 그런데 땅은 떨어지지 않는다. 왜? 지구는 우주의 중심이기 때문이다.

아리스토텔레스의 이분법적 우주관에 토대한 지구중심이론은 또 교회가 인정하는 이론이다. 신은 이 우주의 창조주다. 그리고 자신의 형상을 본떠 인간 아담을 만들었다. 따라서 기독교적 세계관에 의하면 신을 닮은 인간이 거주하는 지구는 우주의 중심이어야 한다. 해와 달, 온갖 별들은 지구의 영광을 빛내주는 장식물들이다. 만일 지구가 우주의 변방에 존재한다면 신의 창조는 별 볼일 없음을 의미하는 것으로 중세의 교회는 이해했다. 《성경》의 〈여호수아〉 10장 12~13절에도 나와 있지 않은가. 하느님께서 "태양아, 기브온 위에 머물러라" 하시니 "해는 중천에 멈추어 하루를 꼬박 움직이려고 하지 않았다"라고. 움직이는 것은 지구가 아니라 태양이었다.

아리스토텔레스는 기원전 384년에 태어나 기원전 322년에 죽었다. 지구중심이론은 코페르니쿠스가 《천구의 회전에 관하여》를 발표한 1543년까지 무려 1800년의 장수를 누린 이론이다. 대철학자가 주장하는 이론이요, 《성경》이 지지하는 이론인데, 누가 감히 이 장엄한 권위를 반박한다는 말인가!

코페르니쿠스는 정직한 사람이었다. 그는 자신의 이성적 사유가 가르쳐준 길을 따라 정직하게 이론을 작성해나갔다. 태양중심이론이 아무리 황당해 보일지라도 여기에는 거짓이 없다. 그는 담담하게 글을 쓴다.

교회 안에서 자란 혁명의 씨앗

> 하지만 만일 학자들이 문제를 진지하게 다룰 성의만 있다면 본 연구의 저자는 비난받을 어떤 행위도 하지 않았음을 알게 될 것입니다.

코페르니쿠스는 1473년 폴란드에서 태어났다. 열 살 때 아버지를 여의고 외삼촌 바첸로데 주교의 후견을 받으며 성장한다. 1492년 콜럼버스가 신대륙을 찾아 항해하고 있을 때 그는 폴란드의 크라쿠프 대학에서 수학과 천문학, 그리스어와 철학을 배우고 있었다. 역시 외삼촌 바첸로데의 배려로 그는 이탈리아의 볼로냐 대학에서 법학을 전공한다. 코페르니쿠스의 탐구욕은 왕성했다. 그는 또 파도바 대학에서 의학까지 수학했다. 세기가 바뀌는 대성년 1500년엔 로마를 방문하여 천문학 강의를 했고 월식을 목격한다. 그리고 1503년 30세의 나이에 페라라 대학에서 법학 박사 학위를 따고 마침내 고향 폴란드로 돌아온다. 대학을 네 개나 거친 공부벌레, 코페르니쿠스.

처음엔 하일스베르크에서 외삼촌 바첸로데의 주치의를 맡으며 한가로운 세월을 보낸다. 그리스어 시집을 라틴어로 번역했던 것도 이 시절의 한가함 덕택이었다. 1512년 외삼촌 바첸로데가 죽자 코페르니쿠스는 프라우엔부르크로 돌아와 참사회원의 임무를 맡는다.

나이 마흔이면 가장 왕성한 활동의 시기다. 참사회원이란 요즘으로 치면 학교의 행정 실장이다. 교구에 관련된 모든 문서의 출납을 관장하고, 건물 임대에 관한 문서를 작성하며, 직접 임대료를 수납한다. 교구의 회계사 겸 법무사였다. 빵의 제조 과정에 투입되는 원료의 값을 산정하여 공정한 빵 값을 고시하기도 했다. 가난한 신도들의 병을 치료하는 일은 기본이다. 그는 맨발 의사였다.

당시엔 수학자들이 지도를 작성하였나 보다. 코페르니쿠스는 교구와 인근 지역의 지도까지 제작했다. 지도 제작을 이끈 수학자. 한번은 튜턴 기사단이 교구를 침공해 왔다. 코페르니쿠스는 강화 협상은 물론, 전화(戰禍)를 입은 도시의 재건 계획까지 도맡아야 했다. 하지만 이 엄청난 실무들도 별들에 대한 코페르니쿠스의 열정을 가로막진 못했다. 하루 일을 마친 코페르니쿠스는 다락방에 설치한 간이 천문대에서 삼각자와 직각기, 사분의와 아스트롤라베(천체의 높이나 각거리를 재는 기구)를 들고 천체 관찰에 몰입했다.

지구중심이론의 역사

고통스럽고 숙련된 관찰을 통해 천체 운동의 역사를 수집하는 것은 천문학자의 직업입니다. 또 천문학자는 자신의 마음에 드는 천체 운동의 원인과 가설을 설정한 다음 이 가정에 의거하여 과거와 미래의 천체들의 운동을 기하학의 원리로부터 도출해냅니다. 그런데 천문학자들은 어떤 방식의 추론으로도 천체 운동의 참된 원인에 도달하지 못했습니다.

만일 우주에 지구와 태양만 있었다면 아리스토텔레스의 지구중심이론을 우리는 의심하지 않았을 것이다. 만일 우주에 항성들만 있었더라도 코페르니쿠스는 지구중심이론을 전복하지 못했을 것이다. 다섯 개의 떠돌이별(wandering planets, 행성)이 사고 뭉치였다. 토성, 목성, 화성, 금성, 수성. 집 나간 자식이 부모를 괴롭히듯, 이 떠돌이별들이 우주를 방황하면서 천문학자들을 괴롭혀온 비행청소년 별들이었다.

행성들의 순행(progression)과 역행(retrogression) 현상이 오랫동안 천문학자들의 골머리를 썩였다. 왜 모든 별은 한 방향으로 이동하는데 다섯 개의 행성은 제멋대로 전진하다 후진하다가 다시 전진하는 갈지(之)의 형태로 지그재그 움직이는가? 요것들이…….

아리스토텔레스의 이원론적 우주관에 의하면 행성은 천상의 세계에 속한다. 그렇다면 행성들은 원운동을 해야 한다. 그런데 요것들이 순행과 역행을 반복하는 것이다. 바로 이 문제가 고대 천문학자들의 골칫거리였던 것이다.

행성의 불규칙한 운동을 두 개의 원운동의 조합으로 풀이한 천문학자는 플라톤의 제자 에우독소스였다. 기원전 400년경에 태어나 플라톤의 아카데메이아에서 공부했던 에우독소스는 천문학과 기하학을 접목해 천동설의 기초를 닦은 인물이다.

자, 보자. 여기 긴 막대와 짧은 막대가 있다. 짧은 막대 끝에 행성을 나타내는 작은 공을 매달아보자. 다음 작은 막대를 긴 막대 끝에 못으로 박자. 못을 꽉 박지 말고 헐겁게 박는 것이다. 긴 막대와 짧은 막대를 동시에 돌리면서 공의 운동을 살펴보자. 두 막대를 동시에 돌리면 두 막대는 원운동을 하는데 짧은 막대 끝에 매달린 공은 앞으로도 가고 뒤로도 가는 것처럼 보일 것이다. 대단한 아이디어다.

에우독소스의 천동설은 아리스토텔레스에게 수용되었고 이후 히파르코스에 의해 더욱 발전되었다. 히파르코스는 기원전 190년경 니케아에서 태어났다. 그는 고대 그리스의 가장 위대한 관측 천문학자로 알려진 인물이다. 별의 밝기를 6등급으로 분류한 이가 바로 히파르코스. 그는 행성이 어떤 때는 밝아 보이고 어떤 때는 어두워 보인다는 사실에 무척 당혹했다.

이게 뭐냐? 관찰된 사실과 지구중심이론을 일치시키기 위해 히파르코스는 큰 원의 중심을 지구가 아닌, 지구로부터 약간 떨어져 있는 어떤 점으로 가정했다. 이전에는 천체의 중심이 지구였다. 이제 천체의 중심이 지구로부터 약간 떨어진 점, 즉 이심점(eccentric point)으로 이사한 것이다. 이심점을 중심으로 회전하는 것이니, 이 운동은 '이심원(eccentric circle) 운동'이라고 부르는 것이 맞겠다. 그리고 이 이심원 위의 어떤 점을 중심으로 도는 작은 원운동을 '주전원(epicycle) 운동'이라 부르자.

어휴, 힘들지만 작업은 완료되었다. 이론에 약간 금이 갔다. 지구가 우주의 중심이라는 지구중심이론에게는 미안한 일이지만 어쩔 것이냐?

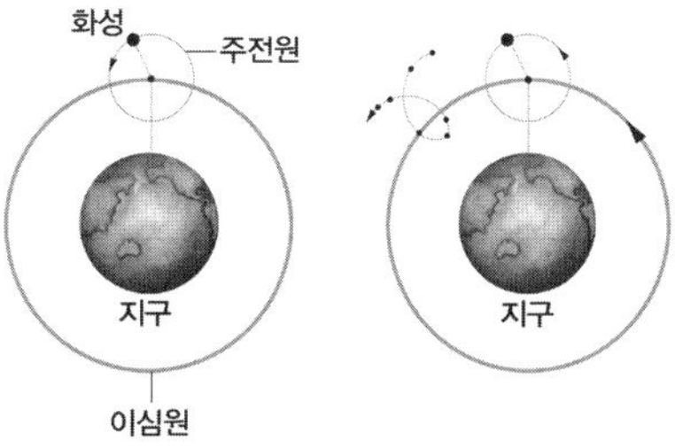

하지만 에우독소스와 히파르코스가 만든 지구중심이론의

우주 시스템에는 또 다른 미해결의 문제가 잠복하고 있었다. 에우독소스가 고안한 두 개의 원운동은 행성의 순행과 역행을 잘 설명해주었다. 히파르코스가 고안한 이심원은 행성의 밝기 변화를 잘 설명해주었다. 그런데 이 두 이론은 행성의 속도 변화에 대해서는 아무런 설명을 주지 않았다. 왜 행성의 속도가 변하는 것일까? 다시 또 한 사람의 천재가 태어나야 했다.

서기 85년경 우주는 또 한 명의 천재를 지구에 보내주었다. 프톨레마이오스. 그의 생몰은 불명확하다. 어디에서 태어났는지도 명확하지 않다. 그의 저서 《알마게스트》는 그가 선대의 천문학 이론에 정통했음을, 특히 히파르코스의 성취에 해박했음을 보여준다. 에우독소스와 히파르코스에 의해 정립된 지구중심이론은 프톨레마이오스의 손을 거쳐 완성된다.

프톨레마이오스는 각각의 행성이 그리는 이심원의 지름과 주전원의 지름을 계산해냈다. 행성들이 나타날 미래의 위치를 예측하고 일식과 월식을 예측하기 위한 고심 어린 작업이었다. 하지만 오랜 연구 끝에 프톨레마이오스는 이심원 운동과 주전원 운동만으로는 행성의 속도 변환을 설명할 수 없음을 알게 되었다. 이리하여 그는 또 다른 중심점 '대심'을 고안했다. 지구의 중심도 아니고 이심원의 중심도 아닌 대심이라는 점을 설정한 까닭은 행성이 이 대심에 가까워지면 속도가 빨라지고 이 점에서 멀어지면 속도가 느려진다고 보았기 때문이다. 행성의 운동을 설명하기 위해 도입된 이심원과 주전원에 또 하나의 점 대심이 추가된 것이다. 오매, 복잡한 거.

누더기가 된 지구중심이론

기존의 천문학 이론은 여러 원인들을 고안해냈습니다. 실제로 꽤 많은 원인들을 생각해냈습니다만, 이는 진실을 설득하기 위해 고안된 것들이 아닙니다. 다만 계산의 정확한 토대를 제공하기 위하여 만들어졌을 뿐입니다. 시대에 따라 동일한 운동에 대해 상이한 가설들이 제기되어왔습니다. 태양의 운동에 대하여 이심원이니 주전원이니 하는, 이런저런 가설들이 제기되어왔습니다. 천문학자들은 가장 이해하기 쉬운 이론을 선호합니다. 아마도 철학자들은 개연성을 요구하겠지만 신의 계시가 아니라면 천문학자든 철학자든 그 어떤 확실한 것도 붙들지 못할 것입니다.

그렇게 프톨레마이오스는 대심의 가정하에 다섯 개의 행성들이 그리는 이심원과 주전원의 크기를 실제 관찰 자료에 일치되게 그려갔다. 저 높은 하늘에는 수천 개의 별들이 붙박여 있고, 창공과 지구 사이에는 태양과 달이 있으며, 다섯 개의 행성들이 이심원과 주전원을 그리면서 지구 둘레를 도는 것이다. 프톨레마이오스는 그리스의 기하학적 전통과 바빌로니아의 정량적 관측을 완벽하게 통합했다. 오, 위대한 성취여!

이렇게 완성된 고대 그리스의 천문학은 아랍 세계로 옮겨갔다. 서기 150년에 저술한 프톨레마이오스의 《수학 집대성》은 827년 아랍인에 의해 번역되어 '알마게스트'라는 새 이름을 얻는다. 우리는 아랍인들에게 감사하는 마음을 지녀야 한다. 만일 이때 아랍인들이 《알마게스트》로 번역하지 않았다면, 프톨레마이오스의 저술은 망각의 강에 침수했을 것이다. 물론 코페르니쿠스도 그 이름을 역사에 올리지 못했을 것이다. 이슬람은 서아시아 지역만이 아니라 스페인에도 왕국을 건설했다. 스페인의 지방 도시 톨레도에는 훌륭한 도서관이 있었는데, 이 도서관은 아랍어로 번역된 그리스의 과학책들을 많이 보관하고 있었다.

1085년 톨레도를 점령한 스페인의 왕 알폰소 6세에 의해 마침내 그리스 과학은 1000년의 긴 잠에서 깨어난다. 아랍어판 《알마게스트》가 깨어나 서구인들이 읽을 수 있도록 라틴어로 번역된 것이다. 1175년 《알마게스트》는 발간 즉시 천문학의 성서가 되었다. 《알마게스트》는 하늘의 진리가 되었다.

그런데 프톨레마이오스가 정교하게 가다듬은 천체 이론은 사람에 비유하자면 머리와 팔과 다리가 제각각으로 생긴 일종의 괴물이었다. 신체의 각 부위는 정상인데, 각 부위들을 하나로 조합해놓으니 머리는 바위요, 팔은 몽둥이요, 다리는 지팡이로 이루어진 사람. 차마 눈을 뜨고 볼 수 없는 괴상망측한 괴물이었다. 코페르니쿠스는 벌거숭이 임금님을 보고 "임금님, 옷을 입으셔야죠"라고 말할 수 있는 순결한 영혼의 소유자였다. 신이 우주를 창조하실 때 이렇게 복잡한 물건을 만드시지는 않았을 것이다!

목숨을 건 주장, 태양중심이론의 탄생

이 새로운 가설이 대중에게 공개되도록 허락해주십시오. 낡은 가설들은 더 이상 개연성이 없습니다. 새 이론은 훌륭하고 쉽습니다. 또 막대한 분량의 관측 데이터가 있습니다.

1. 지구는 우주의 중심이 아니다. 우주의 중심은 태양이다.
2. 지구와 태양의 거리는 지구와 별의 거리에 비해 아주 작다.
3. 별들이 뜨고 지는 것은 지구가 자전하고 있기 때문이다.
4. 지구의 자전축은 기울어져 세차운동을 한다.
5. 지구는 태양을 공전한다.
6. 모든 행성은 태양을 공전한다.
7. 행성들의 역행운동은 공전하는 지구에서 관측하기 때문에 보이는 겉보기 현상이다.

이것이 태양중심이론의 골자다. 코페르니쿠스가 태양중심이론에 관한 글을 처음으로 쓴 것은 1506년 이탈리아에서 공부를 마치고 폴란드로 귀국한 직후라고 전해진다. 이후 《천구의 회전에 관하여》 원고를 완성한 것은 1530년, 그의 나이 57세 때의 일이다. 다시 이 원고가 책의 형태로 세상에 공간된 것은 1543년, 그의 나이 70세 때의 일이다.

책이 나온 해 그는 숨을 거두었다. 36년 동안 비밀리에 간직해온 자신의 사상이 책이라는 물질적 형태로 전환된 것을 목격하고 죽었는지, 자신의 정신적 아들을 보지 못한 채 죽었는지, 사료들은 애매하게 전하고 있다. 한국인이 초등학교에서 태양중심이론을 공부하게 된 시점을 1945년이라고 친다면 코페르니쿠스의 태양중심이론이 우리나라에서 상식으로 정착하기까지 무려 400년의 세월이 걸린 셈이다.

지구중심의 천체 이론이 복잡하게 얽히기 시작한 모든 단초는 행성들의 불규칙 운동 때문이었다. 코페르니쿠스는 지구가 태양 가까이에서 빠르게 돌고 있고, 화성과 목성 그리고 토성은 태양에서 멀리 떨어져 천천히 돌고 있다고 생각하면 행성들의 불규칙한 운동을 간단하게 설명할 수 있음을 간파했다. 지구는 목성이나 화성, 토성보다 빨리 돌고 있기 때문에 이들 행성들을 뒤에서 따라가다가 앞서 가기도 하는 것이다. 뒤에서 따라갈 때는 행성들의 순행운동이 관찰되고 앞서 갈 때는 행성들의 역행운동이 관찰되는 것이다.

태양중심이론은 당시로서 매우 위험한 주장이었다. 코페르니쿠스는 자신의 저서를 교황에게 바치면서 기나긴 고뇌의 과정을 이렇게 밝힌다.

> 성하, 저는 본 저술을 통하여 천구 회전의 몇몇 운동이 지구 때문에 일어난다는 견해를 밝혔습니다. 저는 잘 압니다. 사람들은 저의 책을 읽자마자 저와 저의 견해를 무대 밖으로 내팽개치라고 고함 지를 것입니다. 제 자신에게도 저의 연구가 만족스럽지 못합니다. 하물며 다른 사람들은 저의 연구를 얼마나 혹평할까요? 저는 이런저런 평가에 대해 개의치 않습니다. 모든 사물 속에 내재하는 진리를 찾는 것이 철학자의 간절한 임무입니다. 신께서 인간의 이성에 진리를 허

락하시는 한도 안에서겠지만요. 철학자의 생각은 군중의 판단 너머에 있습니다. 그럼에도 불구하고 우리는 올바르지 못한 의견은 배격해야 한다고 생각합니다.

올바름, 진리의 편에 서야 한다고 말하는 이 사람은 지금 목숨을 걸고 있는 것이다. 실제로 코페르니쿠스의 책이 출간되고 나서 57년 후인 1600년 조르다노 브루노는 태양중심이론을 옹호한 죄로 화형에 처해졌다. 만약 《천구의 회전에 관하여》가 출간된 뒤에도 코페르니쿠스가 살아 있었다면 그의 운명은 어찌 되었을지 모른다. 출간하자마자 무덤 속으로 도망가버린 사람, 코페르니쿠스. 그는 자신의 주장이 얼마나 위험한 것인지 잘 알고 있었다. 철학자의 사상은 군중의 판단 너머에 있으며, 진리를 찾는 것이 철학자의 간절한 임무라고 말하는 이 사람의 영혼 속에는 소크라테스가 부활해 있다. 철학의 자유를 위해 기꺼이 죽음을 선택했던 소크라테스 말이다. 올바름과 거리가 먼 견해들은 버려야 한다.

인간의 의식은 보수적이다. 젊은 날에 익힌 사유와 가치의 체계는 평생 간다. 보수적인 당파의 사람들만 그런 것이 아니라 진보적인 인사라 자처하는 사람들도 그러하다. 한번 지어놓은 사유의 집을 부수어버리고, 그 폐허의 자리에 새로운 사유의 집을 짓는 것은 매우 두려운 일이다. 왜냐하면 인간이란 특정의 사유 체계 없이는 하루도 살 수 없기 때문이다. 그 지독한 두려움을 견딜 수 있는 사람, 그가 곧 철학자다.

진리는 숨겨지지 않는다

> 사람들은 지구가 천체의 중심이라고 알고 있습니다. 지구가 천체의 중심이라는 주장이 수세기 동안 증명된 진리인 것인 양 그들은 알고 있습니다. 그런데 정반대로 지구가 움직인다고 주장한다면 이 진술이 얼마나 얼토당토않은 견해로 간주될 것인지 생각을 해보았습니다. 그리하여 나는 지구의 운동을 증명하기 위해 작성해온 글들을 공개할 것인지, 아니면 철학의 비밀들을 글로 남기지 않고 입에서 입으로 전하는 피타고라스의 전례를 따를 것인지, 어느 쪽이 나을 것인지 결정하지 못하고 오랫동안 고민했습니다.

펜은 칼보다 강하다고 셰익스피어는 말했지만 글은 칼보다 훨씬 무서운 것이다. 기존의 사상을 전복하는 새로운 사상을 글로 쓸 때 작가는 소름 끼치는 공포에 휩싸인다. 유희의 글이 아니라 세상 사람들의 잘못된 생각을 일깨우는 각성의 글을 쓰는 작가의 경우 그렇다. 작가의 뇌리에 떠오르는 물리적 탄압의 공포와 세상 사람들의 차가운 시선, 놀림감으로 치부되는 인격적 모멸감은 참으로 견디기 힘든 것이다.

피타고라스학파가 자신들의 교리를 비밀로 묻어두었던 것은 지적 독점욕 때문이 아니었습니

다. 위대한 인간들의 간절한 사랑(loving care)으로 탐구된 저 아름다운 진리가 돈 계산만 아는 사람들로부터 경멸당하지 않도록 그런 것입니다. 혹은 자유로운 철학 연구에 들어섰지만 타고난 멍청함 때문에 게으른 수벌이 차지하는 자리를 점하고 있는 사람들로부터 경멸을 받지 않도록 그런 것입니다. 그리하여 이 모든 것을 감안했을 때 저의 견해가 갖는 새로움 때문에 제가 겪게 될 경멸은 한번 추켜든 작업을 다시 포기하도록 강제했습니다.

이집트의 사제들이 지식을 비밀에 부쳤던 것은 분명히 지식의 독점욕 때문이었다. 사제들에게 지식은 백성들을 통치하기 위한 지배 도구였다. 나일 강이 범람하는 때를 알고 있는 것만큼 강력한 통치 도구가 또 있을까? 때문에 이집트의 사제들은 그들만이 전수받은 지식들, 기하학과 천문학과 약초학과 의학 등을 외부에 공개하길 꺼려한 것이다.

코페르니쿠스 때에도 돈 계산 외에 다른 일체의 문자 기록을 외면한 이들이 많았나 보다. 또 학문적 열정이 없어서 새로운 연구 활동은 하지 않으면서 20년 전의 노트로 강단을 지키는 게으른 학자들이 많았나 보다. 일반인은 진보적 사상을 외면하기 쉽고, 심지어는 적대적 태도를 취하는 경우가 많다. 이럴 바엔!

그러나 친구들은 참으로 오랫동안 계속되어온 망설임을 누르고 제 마음을 바꾸어놓았습니다. 그중 한 분은 카푸아교구의 니콜라스 쇤베르그입니다. 이분은 모든 분야의 학문에 정통한 분입니다. 다음으로 저의 절친한 벗 티이드만 기세, 쿨름의 주교입니다. 이분은 신학과 인문학에 대단한 열정을 갖고 있습니다. 친구들은 저를 독려했습니다. 심지어 욕설까지 하면서 이 저술을 공개해야 한다고 밀어붙였습니다. 9년 동안 감춘 것이 아닙니다. 9년의 네 배에 달하는 세월 동안 감추어왔습니다.

1506년 이탈리아 유학을 마치고 태양중심이론의 연구에 몰두한 지 어언 36년, 이론의 윤곽은 진즉 완성했지만 출간할 마음은 먹지 않았다. 이대로 가면 얼마나 살까? 지금 이 글을 쓰고 있는 시점은 1542년, 숨을 거두기 1년 전의 일로 보아야 한다. 그러므로 피타고라스학파의 전례에 따라 자신이 발견한 저 아름다운 진리를 그냥 묻어두기로 결심한 지 36년의 세월이 흐른 것이다. 9년의 네 배에 달하는 세월이 흘렀다는 글을 쓰면서 코페르니쿠스의 눈에는 회한의 눈물이 흘렀을 것이다. 이렇게 한 인생이 흘렀구나…….

고명하신 포솜브론의 주교 폴로 님으로부터 격려를 받았습니다. 폴로 님은 세심한 배려를 아끼지 않으셨습니다. 이 문제에서 제가 이룬 성취는 교황 성하를 위시한 여러 학식 있는 수학자들의 판단에 남겨두고자 합니다. 이 책의 유용성에 관해선 제가 성취한 것보다 더 많은 약속을 교부님께 하고 싶지 않습니다. 이만 본론으로 넘어갑니다.

이만 끝. 본론을 보고 싶은 분은 직접 코페르니쿠스의 원전을 읽으시라. 목숨을 걸고 밝힌 진리가 거기에 있다.

고전 읽기

《천구의 회전에 관하여(De revolutionibus orbium coelestium)》

1543년에 출간된 코페르니쿠스의 천문학 서적. 태양과 별이 지구를 중심으로 움직인다는 프톨레마이오스의 우주관을 정면으로 반박하고 사실은 지구가 태양의 주위를 돌고 있다는 대담하고 획기적인 우주관을 전개함으로써 견고했던 중세의 우주관을 붕괴시켰다. 코페르니쿠스의 체계는 실제 관측 결과와 완전히 부합한 것은 아니었기에 이후 케플러, 갈릴레이, 뉴턴 등에 의해 계속 수정되고 보완되었다. 그러나 《천구의 회전에 관하여》는 인류 역사상 가장 큰 변혁으로 불리는 '과학혁명'의 시작을 알리는 것으로서 근대 과학혁명의 기초가 되는 새로운 패러다임을 만든 위대한 저작으로 평가받는다.

Chapter 6

갈릴레이가 의대를 중퇴한 까닭은?

갈릴레이
Galilei

1633년 6월 22일 로마의 종교재판소. 일흔의 노인이 신성모독죄라는 엄청난 죄목으로 재판정에 선다. 노인은 고문과 화형의 위협 앞에서 결국 자신의 주장을 철회하고 기존의 지구중심이론이 옳다고 인정한다. 하지만 끝내 과학자의 양심을 저버리지 못했던 그는 재판정을 나서면서 지금까지도 널리 회자되는 한마디를 남겼다고 한다. "그래도 지구는 돈다."

이제는 신화가 되어버린 갈릴레이의 일화다. 그런데 정말 갈릴레이가 이런 말을 했냐고? 사실은 모두 꾸며진 이야기다. 하지만 이후의 행적을 보면 갈릴레이가 온갖 핍박에도 굴하지 않고 과학자로서의 책무를 다했음을 알 수 있다. 과학의 순교자이자 근대적 이성의 상징이었던 갈릴레이. 수많은 전설로 포장된 갈릴레이의 드라마틱한 학문적 여정 속으로 들어가보자.

이탈리아 피사에는 800년간 1밀리미터씩 기울다가 2001년에야 겨우 기울기를 멈춘 탑이 하나 있다. 그리고 이 탑 꼭대기에서 무게가 다른 두 개의 공을 떨어뜨린 과학자가 있었다. 그는 재판정을 나오면서 "그래도 지구는 돈다"고 말했다고 한다. 사실인가? 아니다. 모두 꾸며진 이야기다. 하지만 약간의 진실을 담고 있는 이야기들이다.

전설을 한 보따리 몰고 다닌 남자 갈릴레오 갈릴레이는 1564년 피사에서 태어났다. 아버지는 음악가였다. 그는 가난한 집, 6형제의 맏아들이었다. 어린 시절 수도원에서 공부했고 사제의 꿈도 가졌다. 아버지는 아들을 의사로 키우기 위해 피사 의대에 입학시켰다. 그런데 청년은 주입식 암기 교육이 싫었다. 아리스토텔레스의 이론이라면 무조건 외우고 보는 스콜라적 수업 분위기가 싫었다. 결국 그는 의대를 중퇴했다. 혼자 수학을 공부하여 28세의 나이에 피사 대학교의 수학 교수가 되었다. 1592년에는 파도바 대학교로 옮겨가 기하학과 역학을 가르쳤다.

그는 망원경을 만들어 천체를 관찰하면서 프톨레마이오스의 지구중심이론을 비판하고 코페르니쿠스의 태양중

심이론을 옹호했다.

그는 이단에 가까운 위험한 이론을 펼친다는 이유로 1614년 교황의 경고를 받았다. 그리고《두 개의 주된 우주체계에 관한 대화》를 출간하던 1632년 10월 로마 교황청에 소환되었다.

갈릴레이는 자연의 법칙이 수학적임을 천명한 최초의 과학자일 것이다. "우주라고 하는 이 광대한 책은 수학이라는 언어로 쓰여 있다. 삼각형과 원이 수학의 문자들이다."

또 목성의 달을 관찰한 최초의 천문학자가 갈릴레이다. 1610년 그는 목성 주위에 있는 네 개의 별, 이오(Io), 유로파(Europa), 칼리스토(Callisto), 가니메데(Ganymede)가 목성의 달임을 확인했다. 목성의 주위를 도는 달들은 모든 천체가 지구를 중심으로 회전한다는 아리스토텔레스의 지구중심이론을 정면으로 반박하는 사례였다. 참 재미있는 발견이었다.

또 갈릴레이는 태양의 흑점을 발견한 최초의 과학자이기도 했다. 천체는 완전하다는 아리스토텔레스의 우주관에 흑점의 존재는 중대한 흠집을 냈다. 또 갈릴레이는 달의 산과 분화구를 관찰한 최초의 과학자이기도 했다. 천상의 물체는 완벽하다는 아리스토텔레스의 견해에 반대하여 달은 지구처럼 거칠고 울퉁불퉁하다는 관찰 결과를 제시했다. 대단한 발견이었다.

갈릴레이의 새로운 발견과 주장은 모두 아리스토텔레스의 이론을 조목조목 반박하는 것들이었다. 갈릴레이는 위험인물이었다. 교회는 그의 새로운 사상을 불순한 것으로 규정했다.

코페르니쿠스가 도전한 이는 프톨레마이오스였다. 코페르니쿠스의 《천구의 회전에 관하여》는 분명 프톨레마이오스의 《알마게스트》를 전복한 천문학상의 일대 혁명이었다. 하지만 프톨레마이오스의 이론은 흔들리지 않았다. 왜냐하면 아리스토텔레스의 우주관이 프톨레마이오스의 지구중심이론을 지지해주고 있었기 때문이다.

우리는 중세의 학자들이 얼마나 열렬히 아리스토텔레스를 신봉했는지 잘 모르고 있다. 이제 갈릴레이의 저작 《두 개의 주된 우주체계에 관한 대화》를 통해 아리스토텔레스를 추종하는 소요학파가 얼마나 교조적 사고에 빠져 있었던가를 확인해보자. 여기서는 심플리치오의 사유 방식에 주목하기 바란다.

첫째 날의 대화:

지구중심이론의 세 가지 모순들

살비아티 | 우리는 오늘 만나서 토론하기로 약속을 했지. 아리스토텔레스를 옹호하는 사람들과 코페르니쿠스를 옹호하는 사람들 중 어느 편이 옳은가 따져보기로 했잖아. 코페르니쿠스는 지구가 하늘의 물체들과 같다고 했어. 행성처럼 둥그런 공이라고 했지. 소요학파 철학자들은 이 가설이 틀렸다고 주장하는데, 그들의 주장을 검토해보세.

《두 개의 주된 우주체계에 관한 대화》는 이렇게 시작한다. 살비아티는 코페르니쿠스를 옹호하는 사람으로 사실상 갈릴레이의 분신이다. 여기에 나오는 소요학파 철학자들은 아리스토텔레스의 교과서만 달달 암기하며 살아온 게으른 학자들, 이른바 스콜라철학자들이다. 어느 시대, 어느 사회에나 자신의 머리로 생각하지 않고 남의 생각에 의지하여 사는 무리들이 많은가 보다. 이들을 대표하여 심플리치오라는 인물이 등장한다.

심플리치오 | 어떻게 그런 식으로 아리스토텔레스를 매도할 수 있습니까? 아리스토텔레스는 삼단논법을 발견했습니다. 증명, 반증, 궤변과 거짓을 찾는 방법 등은 모두 그가 처음으로 상술한 것입니다. 한마디로 말해서 아리스토텔레스는 논리학의 모든 것을 만든 사람입지요. 아리스토텔레스를 반박하려면 먼저 아리스토텔레스를 잘 연구해야 합니다.

심플리치오, 요샛말로 바꾸면 '단순한 사람'이다. 좋게 말하면 심플한 사람인데, 단순한 사람이 복잡한 학문의 영역에 들어서면 억지를 쓰게 된다. 6세기에 아리스토텔레스의 책에 주석을 단 심플리키우스(Simplicius)가 심플리치오의 실제 모델이었을지도 모른다. 그래서인지 그가 알고 있는 것은 세계가 아니라 아리스토텔레스의 책이다. 그가 말하는 진리는 객관적인 세계가 아니라 아리스토텔레스의 말이다. 세계가 이론에 맞지 않으면 세계가 잘못되었다고 생각하는 사람. 아리스토텔레스가 지구는 움직이지 않는다고 말했으므로 지구는 움직이면 안 된다!

코페르니쿠스는《천구의 회전에 관하여》를 집필하여 프톨레마이오스의 천문학을 수학적으로 격파했다. 1000여 쪽에 달하는 방대한 분량의 천문 이론은 처음부터 끝까지 원과 삼각형으로 전개된다. 36년에 걸쳐 완성한 그의 저서를 보노라면 그의 열정과 성실 앞에 절로 고개가 숙여진다. 하지만 유럽의 식자들 대부분은 여전히 지구중심이론을 고집하고 있었다.

코페르니쿠스의 이론이 1800년의 세월 동안 학문의 아버지로 존경받아온 아리스토텔레스를 단번에 넘어서기엔 역부족이었다. 무엇보다 코페르니쿠스의 이론은 수학적인 이론으로만 이루어져 있었다. 시대는 저 견고한 아리스토텔레스의 성(城)을 격파해줄 사상의 투사를 부르고 있었다. 구체적인 관찰과 실험이라는 포탄을 날려 저 견고한 성을 격파할 자 누군가?

그러면 여기서 아리스토텔레스가《천체에 대하여》에서 전개한 우주관을 먼저 확인하자.

첫째, 하늘은 신성하고 땅은 천(淺)하다. 하늘은 영원하고 땅은 변화한다. 하늘에 있는 물체들은 생성·소멸하지 않는다. 상하지 않고, 바뀌지 않으며, 모든 변화에서 벗어나 영원히 같은 모습을 유지한다.

둘째, 완전한 운동은 원운동이다. 따라서 하늘의 물체들은 원운동을 한다. 직선운동은 불완전한 운동이다. 따라서 땅 위의 모든 물체는 직선운동을 한다. 가벼운 것, 즉 불과 공기는 상승하고 무거운 것,

즉 흙과 물은 하강한다.

셋째, 무거운 물체는 우주의 중심을 향해 움직이려는 경향이 있다. 우주에는 하나의 중심이 있어야 한다. 우주의 중심에 있다면 물체는 더 이상 움직이지 않고 거기에 머문다. 우주의 중심은 지구다.

갈릴레이는 학교에서 아리스토텔레스의 우주관을 달달 외우면서 자랐다. 아리스토텔레스의 말이 진리다. 왜 그래? 왜 확인해보지도 않고 진리라고 믿지? 갈릴레이는 이런 지적 풍토를 용납할 수 없었다. 갈릴레이는 결국 피사 대학교를 중퇴했다. 발군의 과학 논문을 두 편 쓰고 이후 28세의 젊은 나이에 피사 대학교의 교수가 되는 행운을 누리지만 여전히 대학 강단에서는 아리스토텔레스의 고리타분한 교설을 가르쳐야 했다. 갈릴레이는 아리스토텔레스의 책을 의심 없이 곧이곧대로 받아들일 수 없었다. 그래서 실험하고 확인하고 생각해보았다.

1604년 어느 날 하늘에는 예전에 없던 별이 출현했다. 초신성이 나타난 것이다. 신성한 하늘에도 생성과 소멸이라는 지상적 현상이 나타난 것이다. 아리스토텔레스의 명제는 정정되어야 했다. '땅에서만 변화가 일어나는 것이 아니라 하늘에서도 변화가 일어난다. 변화는 우주 만물의 공통된 성질이다'라고. 하지만 《두 개의 주된 우주체계에 관한 대화》에 등장하는 소요학파 심플리치오는 만만치 않다.

심플리치오 | 《티코에 반대함》이라는 책자에 의하면 그 물체가 하늘의 물체라는 믿을 만한 증거가 없다는 것입니다.

1610년 갈릴레이는 아리스토텔레스의 성을 격파할 신무기인 망원경을 만들어낸다. 그리고 천체를 뚫어져라 관찰한 그는 태양의 표면에 흑점이 있음을 발견한다. 태양의 표면에 이동하는 흑점이 있다는 것은 천체의 완전성과 불변성을 고집한 아리스토텔레스의 우주관에 대한 사형 선고였다. 하지만 심플리치오는 아주 심플하게 반박한다.

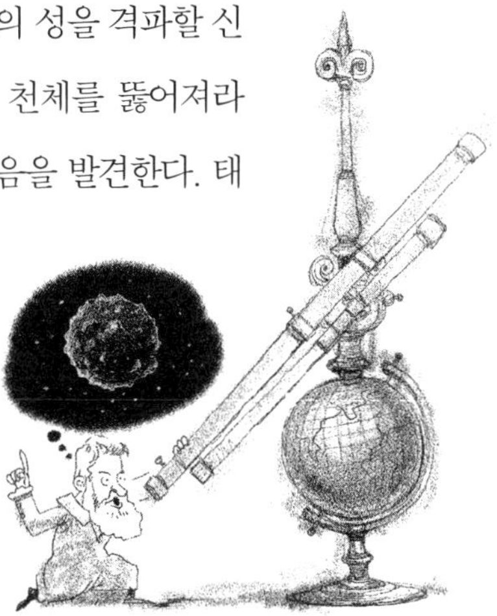

심플리치오 | 아마 흑점은 사람들이 꾸며낸 것이거나, 아니면 망원경에 뭔가 헛것이 보였거나, 아니면 공기 중에 뭔가 생긴 것일 겁니다. 렌즈가 잘못되어 허상이 보인 것일 수도 있습니다.

이어 갈릴레이는 달을 보았다. 사람들은 달의 표면이 거울처럼 윤이 나고 매끄러운 것으로 알고 있었는데, 들여다보니 달의 표면은 지구보다 더 심한 곰보였다. 아리스토텔레스의 자연관에 따르면 달은 천상계에 속하며, 따라서 달은 완벽한 것이었다. 하지만 망원경은 천상에 떠 있는 달도 지구나 별다를 게 없는 돌덩어리임을 보여주었다. 이제 아리스토텔레스는 그의 자연관을 폐기해야 한다.

"달은 지구와 비슷한 물체다. 금성이나 화성 역시 지구와 다를 게 없는 행성이다. 따라서 하늘은 신성하고 땅은 천박하다는 명제는 정정되어야 한다. 신성한 하늘에는 지구처럼 천박한 물체들이 떠돌고 있다" 라고.

초신성의 출현에 대해서는 그것이 천체에 해당하는 물체임을 입증하지 못했다며 논박을 피하고, 태양의 흑점에 대해서는 렌즈의 오류에 의한 허상에 불과하다고 피해나간 심플리치오. 그가 울퉁불퉁한 달의 표면에 대해서는 뭐라고 말하며 피해가는지 주목하자.

> 심플리치오 | 달에서 보았다고 하는 산과 바위, 산마루와 계곡 등은 모두 헛것입니다. 아리스토텔레스는 모든 학문의 대가입니다. 우리는 철학의 안내자이며, 지도자이며, 일인자인 사람 없이 지내고 싶지는 않습니다.

둘째 날의 대화:

지구는 스스로 돈다

아리스토텔레스의 우주관에 내포된 오류들을 분쇄하는 일도 어려웠지만 우주의 중심은 태양이고 지구는 자전과 공전을 함께한다는 진리를 설득하는 일은 더 힘들었다. 코페르니쿠스의 우주관이 발표된 지 100년이 넘었어도 그의 우주관을 지지하는 학자들은 불과 10명 내외였고 여전히 아리스토텔레스의 지구중심 우주관이 위력을 떨치고 있었다.

관찰을 강조한 갈릴레이의 지론대로 살비아티 역시 심플리치오에게 직접 눈으로 확인해볼 것을 거푸 요청했지만 심플리치오의 신념 역시 확고했다. 아침에 일어나보면 태양은 동쪽에서 서쪽으로 돌고 있지 않는가? 이처럼 불을 보듯 명백한 사실이 진실이 아니라면 무엇을 진실이라 부를 것인가? 하여 살비아티는 역학의 기초 이론을 강의하면서 코페르니쿠스의 발견을 차분하게 전달한다.

살비아티 | 모든 천체에 공통되는 가장 중요한 움직임이 있네. 해와 달, 별이 한 덩어리가 되어 동에서 서로 24시간을 주기로 도는 것처럼 보이지. 겉보기운동으로만 보면 우주 전체가 움직이는 것처럼 보이잖아. 그런데 거꾸로 지구 혼자서 자전해도 우주 전체가 움직이는 것으로 보일 거야.

이제 갈릴레이가 주장한 운동의 상대성원리를 들어보자. 상대성의 원조는 아인슈타인이 아니라 갈릴레이였다.

어떤 배가 짐을 싣고 베네치아를 떠나 시리아로 갔다고 하세. 배는 짐을 싣고 항해했지만 이 짐들은 배에 대해서는 조금도 움직이지 않았네. 배와 짐 사이의 위치는 조금도 바뀌지 않았어. 왜 그럴까? 배와 짐이 모두 같이 움직였기 때문이지.

다음으로 이런 것을 검토해보자고. 천구는 지구보다 엄청나게 더 크지. 지구 정도의 행성은 천구 속에 몇 백만 개라도 들어갈 수 있어.

그런데 불과 하루 밤낮 동안에 천구 속의 별들을 한 바퀴 돌리려면 천구가 얼마나 빨리 움직여야 할지 생각해봐.

자연은 일부러 어렵게 많은 것들을 움직이지 않을 거야. 지구라는 조그만 물체를 살살 돌리기만 하면 되는데, 이 쉬운 길을 마다하고 구태여 하늘에 있는 저 엄청나게 크고 많은 별들을 상상도 할 수 없는 엄청난 속력으로 돌릴 필요가 있겠나?

멋있는 상대성원리다. 운동이란 관계다. 두 물체의 상대적 관계 말이다. 너와 내가 같은 방향으로 동일한 운동을 하는 경우 너와 나는 정지하고 있는 것으로 보인다. 그렇다. 내가 정지하고 있는데 네가 운동할 때만 너는 운동하는 것으로 보인다. 기차가 출발할 때 우리는 종종 착각하지 않는가. 옆 기차가 움직이는 것인지 내 기차가 움직이는 것인지. 어느 쪽이 움직이든 비슷하게 느껴진다.

그럴 바에야 하늘이여, 당신은 당신이 품고 있는 수억 개의 별들을 밤마다 돌리시렵니까, 아니면 이 조그만 땅덩어리 하나를 살살 돌리시렵니까? 그러나 심플리치오는 여전히 목석이다.

살비아티 | 천체들의 궤도가 크면 클수록 한 바퀴 도는 데 시간이 많이 걸리고, 작으면 작을수록 시간이 적게 걸리지. 토성은 다른 행성보다 궤도가 크니까 한 바퀴 도는 데 30년이 걸려. 목성은 궤도가 그보다 작으니까 12년이 걸리지. 화성은 2년. 달의 궤도는 훨씬 작으니까 한 달이면 한 바퀴를 돌아. 화성은 2년, 목성은 12년, 토성은

30년, 이런 식으로 한 바퀴 도는 데 걸리는 시간이 길어지는데 이들과 비교도 할 수 없을 정도로 엄청나게 큰 천구가 불과 24시간 안에 한 바퀴를 돌아야 한다는 것은 명백한 모순이네.

살비아티는 지구중심이론이 안고 있는 논리적 모순을 차근차근 짚어나간다. 천체의 궤도가 클수록 한 바퀴 도는 데 시간은 많이 걸린다. 화성은 2년, 목성은 12년, 토성은 30년이 걸린다. 그런데 천구는 목성과 토성에 비할 수 없이 엄청나게 크다. 그 엄청나게 큰 천구가 하루 만에 한 바퀴 돈다는 것은 얼마나 큰 이론상의 불일치인가! 명백한 모순이요, 불가능한 일이다.

살비아티가 제시하는 지구중심이론의 모순은 심플리치오에게 아무 의미가 없다. 심플리치오에게 진리는 아리스토텔레스의 저서다.

심플리치오 | 당신은 지구를 움직이는 편이 나머지 우주 전부를 움직이는 것보다 쉽다고 했습니다. 제 답은 이렇습니다.
인간의 힘은 유한합니다. 그러나 조물주의 힘은 무한합니다. 신에게는 우주를 움직이는 것도 밀짚을 움직이듯 쉬운 일입니다. 힘이 무한한데, 그 큰 힘을 큰일에 쓰지 무엇 때문에 사소한 일에 씁니까?

셋째 날의 대화:

우주의 중심은 태양이다

'두 우주관의 혈투'가 벌어지는 장소는 이탈리아하고도 물의 도시 베네치아였다. 갈릴레이는 피사 대학교의 교조적 분위기가 싫어 자유로운 베네치아의 파도바 대학교로 자리를 옮겼다. 베네치아는 로마 교황청을 무서워하지 않는 자유의 도시였다. 또 베네치아는 당시 유럽에서 렌즈 세공술로 명성을 떨치던 도시였다. 갈릴레이가 베네치아에서 좋은 망원경을 만들 수 있었던 것은 과학의 행운이었다.

갈릴레이가 베네치아에서 사그레도라는 기계 박사를 만난 것도 축복이었다. 베네치아는 100여 개가 넘는 섬을 운하로 연결한 물의 도시. 이곳에서는 길을 걷는 대신 곤돌라라는 배를 타고 다녔다. 갈릴레이는 사그레도와 함께 곤돌라를 타고 다니며 거나하게 술에 취해 우주를 논했다고 한다. 그래서 갈릴레이는 친구 사그레도에게 '두 우주관의 혈투'를 판정하는 역할을 주었다.

사그레도 | 자네가 도착하기를 초조하게 기다리고 있었네. 우리가 살고 있는 이 지구가 공전한다는 신기한 이론에 관해 듣고 싶어 지난 밤 뜬눈으로 지냈어. 어제 들은 두 가지 학설의 찬반양론을 검토해 보았지.

아리스토텔레스가 제창한 오래된 학설과 코페르니쿠스가 제창한 최근의 학설. 이 두 학설 중 어느 하나는 틀리겠지만 두 학설 모두 매우 그럴듯해. 소요학파의 학설은 오래되었기 때문에 추종자들이 많아. 반면 코페르니쿠스의 학설을 추종하는 사람은 수가 너무 적어. 어쩌면 너무 어렵기 때문일 거야. 어쩌면 너무 새롭기 때문일지도 몰라.

사그레도는 진지한 사람이다. 그는 밤을 새워가며 진실을 고민했다. 또한 사그레도는 정직한 사람이기도 하다. 터무니없는 논리를 앞세워 강변하는 것을 정직한 사람은 기피한다.

살비아티 | 사람들은 먼저 자신이 믿는 사람의 결론을 받아들이지. 그 결론을 한번 믿어버리면 도저히 제거할 수가 없지. 자신의 결론을 지지하는 논리는 어떤 것이든 무조건 손뼉 치며 환영하지. 반대로 자신의 결론에 어긋나는 것이면 아무리 정교하고 확실한 것일지라도 화를 벌컥 내. 음모까지 꾸미지. 나는 여러 번 당했어.

달면 삼키고 쓰면 뱉는 자들. 갈릴레이도 여러 번 당했단다. 그래도 지금 대화를 나누고 있는 심플리치오는 단순한 인물이다. 약속 시간을 지키지 못한 것에 대해 사죄할 줄 아는 인물이다.

심플리치오 | 저를 욕하지 마세요. 바다의 신 넵투누스 때문에 이렇게 늦었습니다. 아침에 곤돌라를 타고 운하를 따라왔는데, 요 근처까지 왔을 때 갑자기 썰물이 되어 물이 다 빠져버리잖아요. 곤돌라가 운하 가운데에 덩그러니 처박히게 되었어요. 베네치아는 여러 번 방문

했지만 이런 일은 처음입니다.

자, 셋째 날이다. 살비아티, 사그레도, 그리고 심플리치오까지 다 왔으니 약속한 논제, 지구의 공전에 관해 대화를 시작하자.

살비아티 | 만일 우주의 중심이 있다면 그것은 지구가 아니라 태양이라네. 태양이 우주의 중심에 있고 지구는 태양까지의 거리만큼 중심에서 떨어져 있는 거야.

심플리치오 | 지구가 태양을 중심으로 돈다는 것을 어떻게 추론해낼 수 있습니까?

코페르니쿠스도 처음엔 프톨레마이오스의 가설들을 바탕으로 해서 천문학의 오류들을 바로잡고자 했다. 프톨레마이오스의 이론을 실제 관측한 것과 서로 일치하게 만들기 위해 행성들의 운동 방식을 뜯어고쳐 보았다. 행성 하나하나를 따로따로 고친 다음 각각을 합쳐놓으니 키마이라와 같은 괴물이 나오는 것이다. 단순히 결과만 계산하는 천문학자라면 모르되, 과학자는 이런 괴물 같은 모습을 보고선 다리를 쭉 뻗고 잘 수는 없었다.

천체의 겉보기운동을 거짓 가설을 동원하여 그럴듯하게 설명할 수도 있었다. 하지만 거짓 가설임을 알면서 거짓 가설을 사용할 수는 없었다. 거짓 가설에 의존하느니 올바른 가설의 도움을 얻어 설명하는 게 훨씬 더 좋다는 것을 코페르니쿠스는 알고 있었다.

대부분의 사람들이 프톨레마이오스의 체계를 받아들이고 있었을 때 코페르니쿠스는 유명한 옛날사람들 중에 혹시 다른 우주 구조를 생각한 사람은 없는지 찾았다. 그랬더니 매일 한 바퀴 도는 우주의 운동은 지구의 자전 때문에 발생하는 현상임을 설명해놓은 자들이 있지 않은가? 바로 피타고라스학파 말이다.

코페르니쿠스는 피타고라스학파의 가설을 받아들이면 항성들의 운동과 행성들의 특이한 운동을 설명할 수 있는지 따져보았다. 그랬더니 전체 구조와 각 부분들이 간단명료하게 조화를 이루었다. 그래서 그는 이 새로운 구조를 받아들였고 그제야 마음의 평온을 얻을 수 있었다.

심플리치오 | 프톨레마이오스의 이론으로는 설명되지 않지만 코페르니쿠스의 이론으로 자연스럽게 설명되는 현상은 무엇입니까?

살비아티 | 프톨레마이오스 이론은 지금 병에 걸려 있어. 치료약은 바로 코페르니쿠스야. 프톨레마이오스의 우주체계는 행성들의 불규칙한 운동들로 구성되어 있어. 반면에 코페르니쿠스의 체계에 따르면 모든 행성들의 운동은 태양을 중심으로 규칙적으로 움직이고 있지. 프톨레마이오스의 이론에 따르면 행성들은 동에서 서로 움직이면서 동시에 서에서 동으로 움직이지. 그러나 코페르니쿠스 이론에 따르면 모든 행성들은 한 방향으로만 돌아. 프톨레마이오스는 굉장히 큰 주전원을 도입했어. 행성들마다 서로 다른 원운동을 주었어. 코페르니쿠스에 따르면 이런 것들은 다 쓸데없어. 지구만 움직이면 돼.

살비아티의 친절한 설명에 굴복하면 심플리치오가 아니다. 그의 완고함은 끝이 없다. 갈릴레이가 수천 번 들여다본 망원경, 이 망원경에 나타나는 태양의 흑점 이동 현상을 '렌즈의 장난'으로 치부해버리는 사람이었다.

심플리치오 | 김칫국부터 마시지 마세요. 아직 결론을 내리긴 이릅니다. 태양이 황도의 중심에 있고 지구가 그 둘레를 원운동한다는 보장은 없습니다. 지구는 가만히 있고 해가 움직인다고 저는 믿습니다.

절망을 딛고 일어서다

코페르니쿠스는 자신의 새로운 사상을 암암리에 전파했다. 그가 일반적인 방식으로 그의 사상을 출간했을 당시 그는 사경을 헤매고 있었고, 이 불온한 책자가 교황과 사제들의 두 주먹을 부르르 떨게 했을 무렵에는 이미 무덤에 들어가 있었다. 종교재판소는 무덤에 들어간 사람의 주검까지 부관참시할 필요는 없었을 것이다.

브루노는 달랐다. '우주의 중심은 지구가 아니라 태양이요, 우주는 끝이 없는 무한 공간'이라는 견해를 위해 그는 목숨을 걸었다. 마지막 화형 선고를 내리는 재판정에서 그가 남긴 말은 지금도 인류에게 깊은 감동을 준다. "지금 이 선고 앞에서 떨고 있는 자는 바로 당신들 판사들이오." 브루노는 소크라테스가 그랬던 것처럼 사상의 자유를 포기하느니 죽음을 선택한 진실한 사제였던 것이다.

갈릴레이는 또 달랐다. 갈릴레이는 재판정에서 브루노처럼 당당하지 못했다. 비겁했다. 나이 70의 노신사, 아니 인류가 낳은 역사상 최고의 과학자는 무릎을 꿇었다. 대주교 앞에서. 그리고 그는 《성경》에 손을 얹고, 자신의 양심과 사상에 반하는 맹세문을 읽었다.

"태양은 움직이지 않는 우주의 중심이고 지구는 태양 주위를 움직인다는 견해가 있는데, 이는 저와 무관합니다. 그것은 저에 대한 오해입니다. 마땅히 저에게 쏠린 의혹을 기독교인의 마음에서 없애고 싶습니다. 저는 진심으로 말합니다. 이런 잘못된 개념과 이단적인 사상을 저주하며 교회의 가르침에 위배되는 모든 오류를 혐오할 것입니다."

1633년 6월 22일 로마 미네르바 수도원에서 벌어진 희비극이다. 평생 과학의 발견을 위해 땀을 흘린 위대한 과학자가 별 볼일도 없는 무지한 성직자 앞에 무릎을 꿇었다는 것 자체가 희극이다. 또 협박과 투옥으로 과학자의 양심을 비튼 종교가 있었다는 사실이 부끄러운 인류의 비극이다. 《성경》에 손을 얹고 반성을 하면 무죄로 해주겠다며 인간의 사상과 양심의 자유를 희롱한 웃기는 짓이었다. 하지만 맹세문의 낭송

소리가 사라지자마자 교회는 이 약속을 없던 일로 치부했다. 교회는 갈릴레이에게 종신 가택연금형을 선고했다.

설상가상으로 갈릴레이의 유일한 조력자였던 딸 비르지니아가 이듬해 1634년 4월 사망했다. 갈릴레이는 이때의 절망을 이렇게 표현했다.

"내 심장은 이미 망가졌네. 밥맛조차 없네. 딸의 울음소리가 끊임없이 들리네. 어떤 글도 쓰고 싶지 않으이."

아테네인들은 소크라테스를 죽였다. 하지만 소크라테스가 옹호한 철학의 자유를 죽이진 못했다. 마찬가지로 이탈리아인들은 갈릴레이의 양심을 살해했다. 하지만 갈릴레이가 추구한 과학적 탐구를 막진 못했다. 절망을 딛고 일어선 갈릴레이는 불굴의 정신으로 과학 연구를 지속하여 마침내 1638년 《새로운 두 과학》을 출간했다. 아인슈타인은 "갈릴레이가 만들어낸 발견과 과학적 추론이야말로 인류 역사상 가장 중요한 성취 중 하나이며 물리학의 진정한 시작을 알리는 것"이라고 평가했다.

존 베리는 《사상의 자유의 역사》에서 말했다. "인간이 사상과 표현의 자유를 쟁취하기 위해 걸어온 길 한가운데에는 피의 호수가 있다." 이어 그는 말한다.

인간 사회는 대부분 새로운 사상에 반대해왔다. 일반인의 정신계는 상식적인 믿음으로 구성된다. 그들은 기존의 친숙한 정신계를 뒤집어엎는 그 어떤 것에 대해서도 본능적으로 적대적이다. 왜냐하면 받아들이기 힘들기 때문이다.

1989년 미국 애틀랜타에서 목성을 탐사하기 위한 우주왕복선이 발사되었다. 이 우주왕복선은 목성을 최초로 관찰한 갈릴레이의 이름을 따서 갈릴레이호라 불렸다. 갈릴레이호는 6년 동안 비행하여 목성의 궤도에 진입한 다음 이후 8년에 걸쳐 목성과 목성의 위성들을 사진으로 찍어 보낼 계획이었다. 갈릴레이호가 한창 목성을 향해 날아가고 있던 1992년 10월 로마 가톨릭교회는 중대 발표를 했다. 교황 요한 바오로 2세는 과학자 갈릴레이를 단죄한 것은 잘못된 일임을 공개적으로 선언했다. 한 과학자가 이단자의 혐의를 벗기까지 360년의 세월이 소요되었던 것이다.

고전 읽기

《두 개의 주된 우주체계에 관한 대화
(Dialogo sopra i due massimi sistemi del mondo, tolemaico e copernicaon)》

1632년에 갈릴레이가 지은 천문학 서적으로, 간단히 '천문대화'라고 불린다. 코페르니쿠스의 태양중심이론을 주장하는 살비아티와 프톨레마이오스의 지구중심이론을 지지하는 심플리치오, 그리고 건전한 상식과 식견을 지닌 사그레도가 4일간 주고받은 대화로 구성되어 있다. 이 책을 통하여 갈릴레이는 태양중심이론의 우월성을 입증하며 새로운 과학의 시대를 열었다. 핍박받던 태양중심이론을 중세의 암흑으로부터 구해낸 기념비적 작품이자 근대 과학혁명의 정수로 추앙받는 대작이다. 그러나 이 책은 출간 즉시 금서로 지정되었고 갈릴레이도 이단 심문에 회부되어 종신 금고형을 선고받았다. 이 책은 그가 죽고 200년이 지나서야 금서에서 풀려났고 교황청은 1992년에야 재판이 잘못되었음을 인정하고 갈릴레이를 복권했다.

Chapter 7

순결한 15억 영혼의 지도자

무함마드
Muhammad

"한 손엔 《꾸란》, 한 손엔 칼." 칼로 위협하며 자신들의 종교를 강요하는 폭력적이고 호전적인 광신도의 모습이 우리가 아는 이슬람의 전부다. 지난 몇 세기 동안 이슬람교도와 교류했음에도 이슬람에 대한 우리의 인식은 여기서 한 걸음도 나아가지 못하고 있다. 아니, 오히려 뒷걸음질을 치고 있다.

하지만 이슬람교는 정말 무자비하고 폭력적인 종교일까? 이슬람교와 기독교는 무엇이 같고 무엇이 다를까? 이슬람교는 우리에게 어떤 영향을 끼쳤을까? 혁명적인 선지자 무함마드의 삶과 거기서 비롯된 이슬람 문명을 보노라면 오늘날 우리의 모습이 거울에 비춘 듯이 선명하게 드러난다.

자기네 조상이 수천 년 동안 이어온 전통문화에 대해 아주 낯설어할 뿐 아니라 심지어는 공포심까지 품게 되었다면 누군가의 책략은 성공한 것이다. 박정희 시절에 청소년기를 보낸 우리의 무의식은 조상의 문화라면 모두 미개하고 미신적인 것이어서 옛것과의 결별만이 살길이라고 배웠다. '서양인의 눈으로 본 동양의 모습'을 오리엔탈리즘(Orientalism)이라고 하던가? 어느 날 어머니는 머리의 비녀를 뽑고 긴 머리를 파마머리로 바꾸었다. 아버지는 두루마기를 벗고 넥타이에 양복을 입었다. 서구 문물의 수용이 생존의 필연으로 간주되었던 지난 100년 속에서 우리는 우리 것을 버리고 서구적 생활양식을 받아들였다. 제 눈을 빼고 서양인의 눈을 박았다. 겉은 노랗고 속은 하얀 바나나가 되었다.

지난 2001년 9월 11일 뉴욕의 자랑인 세계무역센터가 비행기 두 대의 자살 폭격으로 격침되었다. 텔레비전은 비행기의 무모한 비행을 연신 전 세계에 타전했다. 뒤통수를 망치로 얻어맞은 듯, 인류가 망연자실하고 있던 그 순간 항상 불만 어린 표정인 미국의 부시가 텔레비전 화면에 나타나 선언했다. "우리의 자유가 침입받았다."

이어 건물이 무너져 내리고 베수비오화산의 폭발을 피해 피신하던 폼페이인들처럼 검은 재로 얼굴이 범벅된 일단의 시민들이 필사의 탈출을 시도했다. 그날 세계무역센터에 근무하던 유대인들은 모두 사전에 피신할 수 있었다는 소문과 더불어 테러범은 오사마 빈 라덴이라는 미 국무성의 공식 견해가 지구를 뒤덮었다. 아직까지 우리는 그렇게 확신하고 있다. 하지만 국무성은 아직까지 증거를 제시하지 않고 있다. 조금만 뒤집어 생각해보아도 국무성의 판단이 얼마나 자기중심적인 편견인지 금방 드러난다. 범인을 잡아도 증거가 없으면 무죄다. 이것이 미국 재판정이 자랑하는 증거 제일주의다. 그런데 범인은 못 잡았고 증거도 없는데, 빈 라덴은 인류가 확신하는 테러범이 되었다.

이후 아프가니스탄 민중들이 미제 폭탄에 쓰러져가도, 6000년 고도(古都) 바그다드가 격파되어도 우리의 판단력은 마비되었다. 테러범 빈 라덴을 잡기 위한 모든 침략과 파괴는 정당한 행동이 되었다. 폭탄에 맞아 병원에 누워 있는 이라크의 어린이들을 보아도 우리의 양심은 얼어붙은 지 너무 오래. 도무지 동정심이 일어나지 않았다.

중·고등학교의 사회 교과서들이 문화상대론을 가르치는 것은 잘한 일이다. 타 문화의 고유한 가치를 배우자는 문화상대론이 겨냥하는 주된 대상은 아마도 중·근동의 아랍 문화일 것이다. 하지만 타 문화에 대한 경계심, 타 문화에 대한 마음속의 철벽이 제거되지 않은 상태에서 이론으로만 타 문화를 존중해야 한다고 떠들다가 다시 한 번 서구적 세계관의 노리개가 되는 것은 아닐까?

이슬람은 '순종하는 사람들'이고, 무함마드는 신의 메신저다. 기독교식으로 보면 이슬람은 '믿는 사람들'이고, 불교식으로 보면 '귀의하는 사람들'이다. 그러고 보면 권투 선수 무하마드 알리도 이슬람식 이름이다. 신의 전령, 신의 심부름꾼이라는 뜻이다.

이슬람교는 참으로 순박한 영혼들의 종교다. 나는 어려서부터 아버지의 유교적 가치관과 어머니의 기독교 신앙과 큰형님의 불교문화를 보며 자랐다. 그 가운데 각각의 종교가 지닌 좋은 점도 배웠지만 사춘기 소년 특유의 반항심으로 이 위대한 세 종교를 그대로 받아들이지 못했다. 대학생이 되어 읽은 마르크스의 사상은 비판의 칼이 되어 모든 종교를 부정하는 바탕이 되었다. 나는 한때 부모의 묘 앞에서 절을 드리는 것도 마뜩잖게 여긴 날카로운 합리주의자였다. 하지만 나이가 들면서 작은 칼날을 품는 법을 배우게 되었다. 많지 않은 견문이지만 무함마드는 인간적인 지도자였음이 분명하고, 이슬람은 가장 소박하고 평등한 종교 공동체다.

인류의 역사에는 위대한 정복자들이 등장한다. 알렉산드로스와 카이사르, 진시황과 칭기즈칸. 그들은 살육의 범죄뿐 아니라 선진 문물을 보급한 공적이 있고, 전쟁의 고통뿐 아니라 통일제국 안의 평화를 가져다주었다. 하지만 그들의 이름은 그들이 세운 제국과 더불어 역사 속으로 사라졌다. 역사의 저 깊은 곳 어디엔가 세계사의 한 지층을 형성하고 있을 따름이다.

인류의 역사에는 위대한 사상가들이 등장한다. 고대 그리스에 플라톤과 아리스토텔레스가 있었다면 고대 중국에는 공자와 맹자가 있었다. 또한 마르크스와 마오쩌둥은 각각 유럽과 중국을 유토피아로 안내하려 했다. 이 사상가들의 숨결은 여러 모로 현대인의 삶 속에 묻어난다. 하지만 그들이 젊은 날 품었던 뜻은 실현되지 못하고 역사 속으로 사라졌

다고 평가해야 할 것이다.

여기 정치가이자 종교 지도자, 무함마드가 있다. 1400년 전에 세운 그의 이상은 당대에 현실이 되었고, 오늘날까지 그의 공동체는 살아남아 15억 명의 추종자를 거느리고 있다. 인류 최대의 종교, 이슬람. 기독교인들의 신 여호와는 신도들이 태어날 때와 결혼할 때와 죽었을 때 예배를 받지만 이슬람교도의 신 알라는 매일 다섯 번씩 신도들의 예배를 받는다.

석가모니와 공자는 마오쩌둥에게 봉건적 사상의 원흉으로 낙인찍히는 바람에 13억 중국 인민들로부터 추방되었다. 일본과 한국 등 몇몇 나라에서는 신도들을 거느리고 있지만, 불교는 한 나라의 생활양식을 규정하는 종교는 되지 못한다. 공자의 유교는 불교보다 더욱 외로운 처지다. 한국에서 여전히 조상의 영혼을 위한 제사는 받들지만 공자의 가르침은 청소년들에게서 멀어진 지 오래다. 백번 양보하여 동양의 불교와 유교, 서양의 기독교가 건재하다고 할지라도 이들 종교는 자본주의 앞에서 무력하다. 불교는 자본주의의 야수성을 견제하기에는 너무 소극적이고 기독교는 신도들의 자본주의적 물신숭배를 오히려 조장하고 있다고 보아야 한다.

자본주의의 야수성을 견제할 세력이 없는 21세기, 이슬람교도만이 의연히 종교적 순결성을 지키고 있는 것은 참 기특한 일이다. 자본주의의 물신숭배를 격렬히 비판하며 나섰던 마르크스의 사회주의는 좋은 이념이었지만 세계사를 이끌 민중의 생활양식으로 정착·성장하지 못했다. 스탈린의 병영적 공산주의는 소련 민중의 삶 속에 공산주의적 가치를 뿌리내리지 못했음을 그대로 드러냈다. 공산주의 이념은 자본주의의 물신 앞에 무력했다. 이슬람교가 이 거센 자본의 공세 앞에 자신의 종교적 순결성을 지켜내고, 나아가 더 많은 인류를 물신이 아닌 알라 앞에 무릎 꿇도록 인도할 수 있을지, 미래는 알 수 없다. 중요한 것은 오디세우스를 견디기 힘들게 한 세이렌의 유혹만큼이나 달콤한 자본의 유혹을 견디고 있는 문명 하나가 지구상에 살아 있다는 사실이다.

이슬람은 기독교의 형제

미국의 기독교가 아랍의 이슬람을 적대시하는 것만큼 해괴한 일도 없다. 기독교가 유대교에서 나온 종교이듯, 이슬람교 역시 유대교와 뿌리가 같다. 세 종교가 모두 동일한 유일신 종교다. 유일신을 부르는 이름만 다를 뿐이다. 이슬람교는 에덴동산의 신화나 노아의 방주 전설도 공유한다. 심지어 이슬람교는 유대인의 시조인 아브라함과 모세까지 위대한 예언자로 존중한다. 남의 종교를 너무 많이 카피한 것이 아니냐는 힐난을 보낼 수도 있을 것이다. 하지만 《성경》의 설화들이 유대인 고유의 것이 아니라 유프라테스 강과 티그리스 강 유역의 설화에 뿌리를 두고 있다는 점을 감안하면 〈창세기〉의 설화들을 아랍인이 공유하지 못할 이유는 없다.

이슬람은 아브라함과 모세를 예언자로 매우 자랑스럽게 예우한다. 한 예로 이스탄불의 토카피 궁에는 성스러운 유물들이 보관되어 있다. 수많은 이국인들이 방문하는 이스탄불에서도 가장 유명한 궁전 박물관에 '모세의 지팡이'가 전시되어 있는 건 놀라운 일이다. 그 지팡이가 진짜인지는 중요하지 않다. 아브라함과 모세를 유대인의 종족 지도자로 보지 않고 중동의 지도자, 나아가 인류의 지도자로 여긴다는 사실이 중요할 뿐.

기독교는 유대교가 싫어 유대교로부터 독립한 종교다. 예수는 안식일에 노동하지 말라는 모세의 율법을 깨버린다. 안식일이 인간을 위해 있는 것이지, 인간이 안식일을 위해 있는 것은 아니라는 구절이야말로 기독교가 유대교에서 분리했음을 알리는 선포였다.

기독교가 유대교의 한 분파였다면 이슬람교 역시 유대교의 한 분파였다. 아니, 이슬람교가 유대교를 벤치마킹해서 만든 종교였다고? 유대교가 할아버지라면 기독교는 아버지이고 이슬람교는 아들이다. 기독교 근본주의자인 미국 전 대통령 부시가 잡아먹지 못해 안달했던 그 이슬람교가 알고 보니 기독교의 아들이었다.

이슬람교의 탄생

예수 탄생 후 600년. 한때 로마제국의 공식 종교로까지 부상한 기독교의 권위는 콘스탄티노플(현재의 이스탄불) 중심의 동로마를 제외하곤 위세가 꺾여 있었다. 교황을 받들던 서로마제국은 이미 125년 전 야만족들에게 멸망한 후였다. 그러니 동쪽 사막의 부족들에게 '하느님은 여호와뿐'이라는 기독교의 신앙은 아무런 구원의 메시지가 되지 못했다. 사막의 부족들은 부족의 수만큼 다양한 이름의 신들을 모셨다. 그만큼 그들의 신앙은 다양했고 그만큼 그들의 정치는 분열이 심했다.

헤겔은 영웅이 시대정신의 아들이라고 했는데 영웅은 또 시대를 창조한다. 하지만 시대가 예비한 조건 안에서만 역사를 창조한다. 무함마드는 계시를 받기 전 오랫동안 명상을 한 것으로 전해진다. 무학이었으므로 책을 통한 명상은 불가능했다. 오직 그의 시대가 보여주는 모습들, 분열상과 부도덕, 사통과 간음, 다혼과 이혼, 도박과 음주, 돈놀이, 잔인과 약탈, 유령과 악령, 마술사와 점쟁이, 술과 섹스, 아동학대와 여아살해 등 민중들의 과도함과 무절제 앞에서 무함마드는 고뇌했고 명상에 들어갔다. 그는 동포들의 도덕적 무정부 상태에 대한 고민이 깊었던 것 같다. 어느 날 동굴 속에서 무함마드를 부르는 소리가 들렸다.

무함마드가 히라 동굴에서 명상정진한 지 15년째 되던 610년 어느 날 밤, 홀연히 하늘가에 환영이 나타나더니 그에게 무턱대고 "읽어라"라고 주문했다. 이에 무함마드가 "저는 무학입니다"라고 대답하자 환영은 읽기를 세 번 권고했다. 그가 "무엇을 읽으란 말입니까?"라고 되묻자 환영은 "읽어라! 창조주이신 너의 주님의 이름으로, 그분께서는 한 방울의 정액으로 인간을 창조하셨느니라"라고 일깨워주었다. 이 환영이 바로 동정녀 마리아에게 예수를 잉태했음을 알렸던 천사 가브리엘이었고 이 일깨움은 알라가 무함마드에게 내린 첫 계시였다.

때는 이슬람의 성월인 라마단(금식월, 이슬람력 9월) 하순의 어느 밤. 환영을 접하고 두려움에 사로잡혀 허둥지둥 집으로 돌아온 무함마드는 부인 카디자에게 "날 좀 감싸주오"라고 말하고는 몸이 불덩이가 되어 방바닥에 쓰러진다. 그가 부인에게서 겉옷을 받아 입을 때 다시 허공에서 "겉옷을 걸치는 자여! 네 주님만을 찬양하라! 네 겉옷을 청결케 할 것이며 부정을 피하라!"라는 소리가 들려왔다. 이 소리는 말방울 소리처럼 요란했다. 이것이 알라가 천사 가브리엘을 통해 무함마드에게 내린 두 번째 계시다.

오, 나의 종복들이여,
영혼의 절제 없는 자들이여!
하느님의 자비를 믿고 체념하지 마라.

– 《꾸란》 39장 53절

《꾸란》의 가르침은 《성경》의 십계명처럼 간결하다. 무함마드에게 내린 계시의 음성을 우리도 들어보자.

그분께 복종하라.

너희 동포를 사랑하고 정의를 행하라.

부끄럽고 명예롭지 못하고 고귀하지 못한 것을 피

하라.

마음과 몸을 다 같이 깨끗이 하라.

부모를 사랑하고 그에게 봉사하라.

친척들에게 관대하라.

가난한 자, 여행자, 고아와 좌절한 자에게 음식을 주라.

사람이나 짐승을 해치지 마라.

방어를 제외하고 사람을 죽이지 마라.

한 사람을 그릇되게 죽이는 것은 온 인류를 죽이는 것이다.

이성이 가르치는 범위를 넘어 복수하지 마라.

부정(不貞)을 범하지 마라.

절제하고 낭비하지 마라.

겸손하라.

죽음이 너희를 점령하기 전에 회개하면

모든 죄를 하느님은 용서하신다.

이렇게 탄생한 새 종교 이슬람은 새벽부터 우리의 영혼을 깨운다. 터키의 해변 차낙칼레에서 들은 새벽의 〈아잔〉(예배시간을 알리는 소리)은 무척 인상적이었다. "여워어 워오호이, 여이어." 그 음성이 청아하여 세속을 초탈한 것이 분명한데, 무엇을 호소하는지 분별할 수 없다. "꺼레에 엥야, 워껭아, 저꺼에 즈우즈끄야, 웨징꺼야." 높은 곳을 달리다가 끊어지고, 끊어지다가 다시 이어지고, 잠시 쉬었다가 다시 고음으로 이어진다. "웨꺼야." 상여꾼들의 저승 가는 소리처럼 혼을 불러 세우는 〈아잔〉

소리가 새벽의 찬 공기를 갈랐다. 민중들을 알라 앞으로 부르는 〈아잔〉은 이슬람 교리의 특징을 잘 보여준다고 한다. 〈아잔〉을 옮겨보면,

위대하신 분
위대하신 분
위대하신 분
위대하신 분
나는 알라 외에 신이 없음을 증거하노라.
나는 알라 외에 신이 없음을 증거하노라.
나는 무함마드가 알라의 사도임을 증거하노라.
나는 무함마드가 알라의 사도임을 증거하노라.
기도에 오너라.
기도에 오너라.
정신적 성공에 살라.
정신적 성공에 살라.
알라는 위대하신 분
알라 외에 신은 없도다.

15억 명의 인류가 따르는 위대한 종교가 탄생하는 순간. 이후 무함마드는 환영이 들려주는 대로 받아쓰기를 했다고 한다. 바둑아, 바둑아, 이리 오너라. 선생이 부르는 대로 받아쓰기를 한 영혼의 공책은 오늘날 《꾸란》으로 전해진다. 우리로서는 《꾸란》의 문체가 어떤 것인지 상상조

차 할 수 없다. 처음부터 끝까지 암송을 위해 쓰인 암송 대본이란다. 암송의 운율이 주는 문학적 효과가 엄청나다고 하는데, 우리는 무함마드처럼 "《꾸란》에 대해 무학입니다"라고 고백할 수밖에 없다.

진정한 무슬림의 길

아랍어에 정통한 조선인이 한 사람 있다. 북한에서 내려온 정수일 선생이시다. 한때 간첩죄로 몰려 오랜 세월 옥고를 치른 깐수 선생. 이분이 전하는 《이슬람 문명》에 의하면 이슬람교의 윤곽을 그릴 수 있다.

이슬람교는 여섯 가지 믿음과 다섯 가지 실천으로 압축된다. 근본 교리는 간단하다. 신은 알라뿐이고 무함마드는 알라가 보낸 사람이라는 것이다. 기독교는 예수가 하느님의 아들이라고 말하지만 이슬람교에서 무함마드는 사람이다. 다만 신이 보낸 마지막 사자일 뿐이다. 이 점이 특이하다. 또 이슬람교에는 성직자가 없다. 누구나 예배를 인도할 수 있는 게 이슬람교다.

여섯 가지 믿음이란 무엇인가? 알라를 믿고, 천사를 믿고, 경전을 믿고, 예언자를 믿고, 최후 심판을 믿고, 정명(定命, 신의 뜻)을 믿는 것이다. 여호와라는 이름이 알라로 바뀐 것을 제외하면 신앙의 근본 원리는 기독교와 흡사하다.

이슬람교는 예언자를 존중한다. 아브라함과 모세와 예수는 무함마드와 같은 예언자다. 마찬가지로 모세 5경(창세기, 출애굽기, 레위기, 민수기, 신명기)과 다윗의 〈시편〉과 예수의 복음서(마태복음, 마가복음, 누가복음, 요한복음)도 신의 말씀을 담은 것이므로 소중히 여긴다. 이슬람교는 알라가 아담을 흙으로 빚은 다음 입김을 불어넣어 인간을 창조했다고 한다. 여호와가 알라로 바뀐 것이다.

기독교에서는 아담과 이브가 원죄를 저질러 에덴에서 추방되고 남자는 경작의 고통을, 여자는 출산의 고통을 죄에 대한 벌로 받게 되었다고 하는데, 이슬람은 다르다. 무함마드의 언행을 기록한 《하디스》에 의하면 인간은 순수하고 결백하게 태어난다. 불행과 시련을 겪는 것은 각자의 과오 때문이다. 그러나 알라는 과오를 다 용서한다. 게다가 원죄도 없다. 그러므로 선행은 신앙의 반이다. 좋은 일을 많이 한 사람이 최상의 인간이다. 생은 아름다운 것, 선행을 하며 생을 즐겨라.

그러면 다섯 가지의 실천은 무엇일까? 첫째는 신앙 증언이요, 둘째는 예배요, 셋째는 부금이요, 넷째는 금식이요, 다섯째는 순례다. 이 다섯 가지 실천은 이슬람교도들에게 종교적 의무이자 일상의 삶 자체다.

신앙 증언은 무엇인가? 간단하다. 알라는 유일한 하느님이고 무함마드는 알라의 사도라는 것을 소리 높여 외치는 것이다.

예배는 물론 영혼의 자기 정화다. 집 앞에 개울이 있어 매일 다섯 번씩 목욕을 하면 몸에 때가 끼지 않을 것이다. 이슬람교도에게 예배는 일신의 복을 비는 기복 행위가 아니고 영혼의 타락을 방지하는 정화 행위다. 정신의 무례함과 사악함을 방지하기 위한 훈련이다. 이슬람교도는 예배를 통해 마음의 안정과 몸의 정결을 꾀한다.

하루 다섯 번 예배를 드리는 것이 이슬람교의 자랑이다. 해 뜨기 전 새벽에 예배드리고, 정오에 예배드리고, 오후에 예배드리고, 일몰 후 저녁에 예배드리고, 자기 전 밤에 예배드린다. 새벽 예배를 드리고, 아침 저녁으로 밥 먹을 때마다 감사 기도를 올리고, 잠자기 전에 다시 기도를 올리는 충직한 기독교인의 하루나 이슬람교도의 하루가 같다. 다른 것이 있다면 이슬람교도는 어디에 있든 메카를 향해 온몸을 엎드려 절을 드린다는 것이다.

해마다 이슬람력(음력) 9월 한 달 동안 해 뜰 때부터 해 질 때까지 먹거나 마시는 것이 일절 금지된다. 열사의 사막에서 물 한 모금 마시지 않고 견딘다. 대단한 사람들이다. 금식은 개인적으로는 알라에 대한 순종과 그의 은총에 대한 감사를 표시하는 정신 훈련이며, 사회적으로는 가난한 사람과 약한 사람에 대한 동정과 무슬림(이슬람교도)의 연대 의식과 동등 의식을 권장하는 집단 훈련이다. 배가 비워지면 욕심이 비워진다. 금식은 사람의 마음을 겸허하고 평온하게 해준다.

마지막 다섯 번째 의무는 성지순례다. 멀고 먼 성지 메카를 순례한다는 것은 힘든 일이다. 순례를 종교적 의무로 정한 까닭은 뿔뿔이 흩어져 사는 무슬림의 일체성과 유대를 강화하기 위해서다. 한 해의 순례자는 19세기 말 10만여 명에서 지금은 200만여 명. 1세기 동안 20배가 늘었다. 세계 방방곡곡에서 온 엄청난 수의 무슬림이 똑같은 옷을 입고 한목소리로 알라의 계시를 암송하면서 순례한다. 순례는 가장 중요한 이슬람의 문화다.

문명의 전달자, 이슬람

이슬람은 그리스 로마 문명을 적극 수용하여 자신의 문명으로 융화했을 뿐만 아니라 더욱 발전시켜서 중세에는 유럽에 재수출함으로써 자칫 멸절될 뻔했던 유럽의 고전 문명을 르네상스, 재생시켰다.

유럽에 혹독한 중세가 엄습하여 그리스 문명이 내동댕이쳐진 7~8세기부터 무슬림은 그리스의 철학과 과학을 고스란히 받아들였다. 플라톤과 아리스토텔레스의 철학, 유클리드의 기하학, 프톨레마이오스의 천문학 등 그리스의 고전들을 빠짐없이 아랍어로 번역했다.

이슬람 문명은 12세기 무렵 유럽으로 역수출되었다. 아랍어 서적들이 라틴어로 다시 번역되었다. 유럽은 플라톤과 아리스토텔레스를 이렇게 만났다. 이것이 르네상스다. 따라서 서유럽의 근대 과학 문명은 이슬람을 빼놓고는 서술할 수 없다.

이슬람제국은 동서 문명 교류의 주역이었다. 이슬람제국은 동방의 문물을 적극 수용했고, 이를 다시 서방 세계에 전달했다. 인도가 발견한 영(0)이라는 개념을 받아들여 수학의 혁명을 일으킨 무슬림은 아라비아 숫자를 유럽인에게 전해주었다. 이들이 아니었다면 우리나라는

MCMLXXXVIII년에 올림픽을 치렀다고 표시했을 것이다.

종이, 화약, 나침반, 목판 인쇄술, 이른바 중국의 4대 발명품을 서방에 전달해준 것도 무슬림이었다. 8세기 말경 중국의 채후지(蔡侯紙)를 받아들인 아랍인은 질 좋은 종이를 유럽에 수출했다. 유럽인은 12세기 중반에야 종이를 생산하게 되었다. 중국의 목판 인쇄술은 13~14세기 몽골제국 치하에서 유럽에 전달되었다. 유럽인들은 13세기에 아랍인의 화약을 전수받았다. 북송 때 만들어진 항해용 나침반이 유럽에 알려진 것은 13세기 말. 중세의 무슬림은 이처럼 동방의 문명을 수용하여 유럽에 전달하는 문명의 중개자였다. 정말이지 유럽인은 아랍인에게 감사해야 한다.

이슬람 문명은 중세 700~800년 동안 세계 문명의 주역이었다. 예나 지금이나 이슬람의 사원은 종교 활동의 거점일 뿐만 아니라 문화 전수와 교육의 장이었다. 메디나의 사파흐 사원은 지식과 지혜를 가르치는 최초의 학교였고, 830년경에는 세계 최초의 대학이라 할 수 있는 '지혜의 집'이 바그다드에 설립된다. 당시 유럽에선 바이킹이 이동하고 있었고 러시아제국은 생기지도 않았을 때다. 이 '지혜의 집'은 고대 그리스·로마의 서적들을 아랍어로 번역하여 이슬람 문명의 형성과 발달에 절대적인 공헌을 했다.

또 이것들이 유럽의 수도원 부속학교인 스콜라에 전달되어 이른바 스콜라철학으로 전환된다. 자신들이 잊었던 선배 아리스토텔레스를 다시 만나면서 이른바 '12세기 르네상스'가 생겼고 플라톤을 다시 만나면서 이탈리아 르네상스가 꽃피었다. 이슬람 철학자들은 이산가족이었던 유럽의 선후배 지식인들을 다시 만나게 해주었다.

배움의 중요성을 그 어떤 종교보다 강조하는 이슬람교는 또한 과학 탐구에도 열심이었다. 무슬림 학자들은 광활한 지역을 여행하면서 새로운 지리 지식과 천문 지식을 탐구했다. 그들은 프톨레마이오스의 천문에 관한 연구서를 '알마게스트'라는 제목으로 번역했으며, 지구중심 이론을 비판하고 지구의 공전을 주장했다. 심지어 우리가 만날 마시는 알코올과 '설탕 뽑기'에 넣는 소다는 물론이고 알칼리(alkali), 알케미(alchemy, 연금술), 알지브라(Algebra, 대수학), 알고리즘(algorithm, 연산법)도 다 아랍에서 왔다. 《해리 포터와 마법사의 돌》에 나오는 '마법사의 돌'인 엘릭시르(elixir)도 따져보면 메이드 인 아라비아다. 《삼국유사》에 나오는 처용 역시 아랍인이었을 것이다. 위대한 문명의 자취는 시공을 초월한다.

한반도의 존재를 서방 세계에 최초로 알린 사람도 무슬림인 역사학자 알 마수디였다. 그의 저서 《황금 초원과 보석광》은 이렇게 기술하고 있다.

> 중국 다음의 바닷가에는 신라라는 왕국이 있다. 신라는 공기가 좋고 물이 맑으며 토지가 비옥하다.

또 지리학자 알 까즈위니는 자신의 저서 《피조물의 기적과 존재물의 기이》에 이렇게 기록했다.

신라는 중국의 맨 끝에 있는 절호의 나라다. 그곳에서는 공기가 순수하고 물이 맑고 토질이 비옥해서 불구자를 볼 수 없다. ……다른 곳에서 병에 걸린 사람이 그곳에 오면 말끔히 치유된다. 주민들은 세상에서 가장 아름다운 외모를 갖고 있다.

우리는 혼자가 아니다.

고전 읽기

《꾸란(Qur'ān)》

예언자 무함마드가 610년에서 632년까지 유일신 알라에게 받은 계시를 집대성한 이슬람교의 경전(經典)이다.

기독교의 《성경》이 고대와 중세를 거쳐 약 900년간 각기 다른 언어로 쓰인 것을 집대성한 것이라면 《꾸란》은 한 장소에서 한 사람에게 비교적 짧은 시간인 23년 동안 아랍어로 계시되어 완성되었다. 무함마드 사후 제3대 칼리프 오스만이 원로들의 도움을 받아 구전되던 《꾸란》 원본의 정확한 필사본을 만들었다. 이렇게 완성된 114장 6200여 절의 《꾸란》은 오늘날까지 한 자의 첨삭도 없이 보존되고 있다.

무함마드에게 내려진 계시의 매체는 성령이지만 말씀의 주체는 알라 자신이다. 따라서 무슬림들은 신의 말씀이 직접 《꾸란》으로 내려왔다고 믿으면서 평생 부단히 읽고 암송하여 신에 대한 믿음과 복종을 표현한다. 오늘날 《꾸란》은 전 세계 이슬람 문화의 원천이며 모든 무슬림의 생활의 근본으로 자리하고 있다.

Chapter 8

"전하, 통촉하시옵소서!"

세종
世宗

1443년 세종대왕은 지배계급의 전유물이었던 문자를 백성에게도 널리 전파하겠다는 원대한 목표를 세우고 신하들 몰래 비밀 프로젝트를 시작한다. 이름하여 '훈민정음 개발 프로젝트'. 이 프로젝트가 한창 진행 중이던 1444년, 최만리는 조선의 신분 질서를 어지럽히려는 왕을 상대로 선전포고를 한다. 신분 사회의 최고 정점에 있는 왕이 신분 질서를 어지럽힌다고? 왕을 지배자들의 계급적 이익을 대표하는 자로 인식해왔던 우리에게는 이해되지 않는, 당혹스러운 사태다. 왕이 지배자들의 계급적 이익에 대항하는 투쟁의 선봉에 서다니……. 이해할 수 없는 사건이 조선 땅에서 벌어진 것이다. 우리가 흔히 '세계에서 가장 과학적인 문자 체계'라고만 알고 있는 한글에는 어떤 비밀이 숨겨져 있을까? 왕과 신하들의 심각한 대립을 통해 한글 창제에 얽힌 비밀을 들여다보자.

베이징에 가면 옥류관이라는 북한 음식점이 있다. 맛있는 평양냉면을 먹을 수 있는 곳이다. 물어물어 찾아간 그날 밤 9시 옥류관에 들어섰을 때 하늘에서 내려온 선녀들이 무대 위에서 공연을 하고 있었다. 가야금도 연주하고 칼춤도 추었다. 하얀 저고리에 분홍색 치마로 치장한 조선의 여인들은 무척 아름다웠다. "우리 강산 최고라네." 여인들은 노래를 불렀다.

조선의 아름다운 여인들이 조선의 아름다운 금수강산을 노래하는 것은 좋았으나 한반도의 산수가 세계 최고라고 말하는 것은 좀 거시기했다. 비숍이 《조선과 그 이웃 나라들》에 쓴 것처럼 "좋은 의미에서 볼 때 그들의 외관은 힘이나 의지력보다는 재치 있는 지성의 모습을 보여준다. 조선 사람들은 분명히 잘생긴 인종이다"라고 외국인이 우리를 평가할 수는 있어도 조선인이 자기 입으로 "우리 민족이 세계 제일"이라고 떠드는 것은 볼썽사나운 일이다.

한글이 세계에서 가장 과학적인 문자란다. 어렸을 때부터 많이 들어온 이야기다. 초등학교 시절 담임선생님으로부터 한글 자랑을 들을 때마다 나는 반발심이 생겼다. '꼰대, 또, 헛소리하네. 그러면 영어는 왜 배워?' 어느 나라, 어느 민족의 언어가 세계 최고라고 떠받드는 건 출발부터가 유치하다.

그런데 이 나이가 돼서야 나는 한글의 우수성 앞에 무릎을 꿇는다. 정말 한글은 우수한 문자다. 초성과 중성과 종성. 언어의 본질인 분절성의 원리를 존중하여 만들어진 문자가 한글이다. 또 백성들의 의사소통을 돕기 위해 창제된 문자이기도 하다. 페니키아 문자를 비롯하여 고대 그리스 문자, 로마자는 모두 창안자를 찾을 수 없는 자연발생적, 진화의 소산이었다. 덧붙이자면 천지인(天地人)으로 응축된 철학적 지혜가 고스란히 담긴 슬기로운 문자가 한글이다. 굳이 비교는 하지 말자. 다만 한글의 독창성만큼은 정확히 인식하자.

한글, 너는 내 운명

예전엔 책 한 권을 쓰고 나면 손가락과 팔이 아파 힘들었다. 볼펜을 온종일 굵어도 200자 원고로 30매를 쓰기 힘들었다. 요즘엔 하루 종일 집필 노동에 매달리면 200자 원고로 100매를 쉽게 쓴다. 이 놀라운 집필의 생산성 향상은 어디에서 온 것인가? 그것은 전적으로 컴퓨터 자판 덕택이다. 예전엔 오른손으로만 글을 썼는데, 지금은 두 손으로 자판을 두드린다. 아니 열 손가락으로 자판을 두드린다. 그러니 생산성이 세 배 이상 오를 수밖에.

알파벳과 한글은 컴퓨터 시대에 어울리는 행복한 글자들이다. 한자는 표의문자고, 알파벳과 한글은 음운문자다. 알파벳에는 26개의 음운이 있고 한글에는 24개의 음운이 있다. 음운이 모여 음절을 구성하고 음절이 모여 단어를 이룬다. 음운 'ㅅ'과 'ㅏ'가 결합하여 음절 '사'를 구성하고 음절 '사'와 음절 '랑'이 모여 '사랑'이라는 단어가 된다.

알파벳의 음운 26개, 한글의 음운 24개만 있으면 세상의 모든 소리를 기록할 수 있다. 따라서 알파벳과 한글은 컴퓨터 자판에 심어 넣기에 딱 좋은 문자인 것이다. 불행하게도 한자는 표의문자여서 컴퓨터 자판에 적합하지 않다. 한자 전체를 실용한자 1000개로 축소한다 하더라도 1000개의 키로 자판을 만들 수는 없다.

영타와 한타의 속도를 비교하면서 한글의 우수성을 발견한 것은 베이징에서였다. 중국인들은 한자를 로마자 알파벳으로 치고 나서 다시 한자를 검색한다. 아주 불편하다. 보자. '천기(天氣)'인데, 알파벳으로 'tian qi'를 친다. 변환키를 누르면 유사한 단어들이 죽 뜨는데 그중에서 '天氣'를 찾는다. 한국인들은 다닥 몇 번만 치면 '날씨'를 쓰는데, 중국인은 10회가량 손가락을 움직여야 한다. 중국인이 문자 메시지를 보내는 것을 보았더니 마찬가지였다.

한자는 컴퓨터 자판에 어울리지 않는 문자다. 알파벳은 컴퓨터 자판에 어울리는 문자다. 그런데 한글은 컴퓨터 자판에서 신바람을 내며 춤추는 문자다. 뭐냐?

무릇 인간 언어의 본질은 분절성에 있다. 하나의 단어는 두세 개의 음절로 분절되고 다시 하나의 음절은 두세 개의 음운으로 분절된다.

거꾸로 올라가 10여 개의 자음과 10여 개의 모음이 만나 100여 개의 음절을 만들고 100여 개의 음절과 100여 개의 음절이 만나 수만 개의 단어를 형성한다. 벌은 날갯짓으로 동료 벌에게 신호를 보내지만 인간의 언어처럼 수만 개의 의미를 표현하지는 못한다. 앵무새도 마찬가지다. 그런데 인간 언어가 갖는 분절성의 원리에 가장 정확히 조응하는 문자가 바로 한글이다.

얼마 전의 일이다. 컴퓨터 자판으로 영문을 치는데 속도가 나지 않는 것이었다. 영타 실력이 부족해서 그런 줄로만 알았는데, 그게 아니었다. 'apple'을 쳐보자. a, p, p, l, e. 독수리 타법으로 손가락 하나하나가 똑똑똑 움직인다. 이제 한글로 사과를 쳐보자. '사과', '다닥' 두 번이면 끝난다.

이제 좀 긴 단어, communication을 쳐보자. 영어로 communication을 칠 때엔 손가락이 자판을 13번 두드린다. 한글로 '소통'이라는 단어를 칠 때에는 '다닥' 두 번이면 끝이다.

알파벳은 음운문자이지만 한글은 음운문자인 동시에 음절문자이기도 하다. 바로 여기에 한글의 독창성이 있다. 영어는 음운문자라고 했다. 그러므로 communication을 칠 때 알파벳을 주르륵 이어서 써간다. 한글은 음운문자이자 음절문자라고 했다. 그래서 소통을 칠 때 'ㅅ+ㅗ+ㅌ+ㅗ+ㅇ'처럼 음운 단위로 써 내려가지 않는다. '소+통', 두 번에 끝낸다. 음절 단위로 치는 것이다.

컴퓨터 자판에서 한글을 음절 단위로 칠 수 있는 또 하나의 비밀이 있다. 자판에 올라와 있는 영어의 모음은 다섯 개지만 한글의 모음은 12개다. 모음의 개수가 다르다. 그런데 영어의 모음은 자음 속에 어지럽게 섞여 있지만 한글의 경우 키보드의 오른편에 모음이 가지런히 정돈되어 있다. 그리하여 왼손으론 자음, 오른손으로는 모음을 동시에 두드리면서 한 음절씩 한꺼번에 쳐나가는 것이다. 한타는 영타보다 2~3배 빠를 수밖에 없다.

영어는 항상 왼쪽에서 오른쪽으로 써야 한다. 한글은 오른쪽에서 왼쪽으로도 쓸 수 있고, 위에서 아래로도 쓸 수 있다. 종횡무진이다. 띄어쓰기를 안 해도 좋다. 우리가 휴대전화로 문자를 보낼 때 띄어쓰기를 하지 않고 주르륵 붙여 쓸 수 있는 것은 모두 세종대왕 덕분이다. 600년 전 정보화 시대의 도래를 예견이나 한 것일까? 천재 이상은 〈오감도〉를 이렇게 썼다.

13인의아해가도로로질주하지아니하여도좋소.

한글은 컴퓨터 자판 앞에만 서면 춤을 춘다. 글을 잘 쓰건 못 쓰건 모든 젊은이의 손가락은 자판 위에서 전광석화다. 눈은 수업하는 선생님을 보면서 책상 밑에서 몰래 문자 메시지를 보낼 수 있는 것도 전적으로 세종대왕 덕분이다. 정보화 시대가 한글에게 손짓한다. '너는 내 운명'이라고…….

비밀리에 진행된 '한글 개발 프로젝트'

훈민정음은 실존했던 왕의 창안물이라는 점에서 인류 역사상 아주 특이한 이력을 기록한다. 주지하다시피 기원전 1200년경 페니키아인들의 문자가 그리스인들에게 전파되면서 알파벳은 유럽 여러 나라의 문자가 되었다. 그러나 누가 창안했는지 알 길이 없다. 한편 기원전 1500년경 은나라의 지식인들은 갑골문자를 사용했다고 한다. 그리고 이 문자가 진화하여 오늘의 한자가 되었지만 역시 누가 창안했는지 알 길이 없다.

훈민정음은 세종대왕의 독자적 창안물이다. 혹자는 세종 때의 학술 연구소였던 집현전에서 훈민정음을 만들었다고 주장한다. 이는 사실과 맞지 않다. 훈민정음은 한 개인의 천재적 성취였다.

정인지는 훈민정음 창제 과정에서 가장 적극적으로 세종을 옹호한 학자였다. 그는 《훈민정음해례(訓民正音解例)》를 집필했다. 여기서 그는 세종이 직접 훈민정음을 창안했고, 자신들은 훈민정음에 깃든 대왕의 깊은 뜻을 헤아리지 못한다고 밝혔다. 세종은 정인지에게 〈용비어천가(龍飛御天歌)〉를 지을 것을 주문했다. 그러니까 집현전의 리더, 정인지는 훈민정음을 보급하는 일에 있어서 세종을 적극 보좌한 것이다.

집현전 학자 성삼문은 무엇을 했던가? 세종은 훈민정음을 창제한 이후 《동국정운(東國正韻)》을 편찬하는 일을 신숙주와 성삼문에게 맡겼다. 《동국정운》은 한자의 음을 한글로 확정하는, 동국의 정음(正音)을 정돈하는 엄청난 일을 자임한 책이다. 세종은 한자의 음을 확정하기 위해 당시 만주에 유배 가 있던 중국 음운학자의 조언을 받는다. 이 음운학자가 황찬(黃瓚)이고, 황찬을 만나러 만주에 간 사신이 성삼문이었다. 성삼문은 세종의 심부름꾼이었다.

왕이 손수 문자를 창작한 것도 기이한 일이지만 그 창작 과정이 매우 비밀스러웠다는 점도 흥미로운 일이다. 세종이 번잡한 정무를 신하들에게 넘기고 본격적으로 한글 창제에 매진한 것은 1436년, 그의 나이 40세 이후가 아닐까 싶다. 《실록》에 의하면 이해 4월 육조직계제가 의정부서사제로 변경된다. 왕이 직접 정무를 관장하던 육조직계제를 대신들이 정무를 관장하는 의정부서사제로 변경한 이유가 무엇이었을까? 세종에겐 할 일이 따로 있었던 것이다.

> 세종 18년 병진년(1436년) 4월 12일, 의정부와 육조의 관계를 정비하도록 교서를 내리다.
>
> – 《조선왕조실록》 중에서

훈민정음의 창제 과정에서 세종대왕이 겪은 고민은 무엇이었을까? 혹시 좌절한 적은 없었을까? 발명의 신명에 취해 덩실덩실 춤을 추고 싶었던 대목은 무엇이었을까? 우리는 인터뷰하고 싶다. 세종대왕이여, 이제는 말할 수 있다. 들려달라. 훈민정음 창제 과정에 얽힌 기막힌 사연들을 우리는 알고 싶은데, 《세종실록》은 우리의 소원을 깡그리 무시한다. 없다. 30권의 《세종실록》을 뒤지는데 훈민정음 관련 기사가 나오지 않는다.

참으로 이상한 일이다. 《실록》에 기록이 없다는 것은 사관들이 보지 못하였음을 뜻한다. 사관들이 보지 못하였다는 것은 세종이 자신의 연구 과정을 신하들에게 숨겼다는 이야기가 된다. 그것은 비밀 작업이었다. 마침내 1443년, 세종 25년. 훈민정음이 창제되었다는 기사가 나온다. 날짜는 12월 30일이다. 희한한 일이다. 왜 한 해의 마지막에 발표했을까? 한 해가 가고 새해를 맞이하는 연말연시에 조선 사람들은 웬만한 일은 다투지 않고 그냥 넘어간다. 세종의 훈민정음 창제 기사는 한 해의 마지막 날, 그것도 단 두 문장으로 처리되었다.

> 세종 25년 계해년(1443년) 12월 30일, 훈민정음을 창제하다.
> 이달에 임금이 친히 언문 28자를 지었는데, 그 글자가 옛 전자(篆字)를 모방하고, 초성·중성·종성으로 나누어 합한 연후에야 글자를 이루었다. 무릇 문자에 관한 것과 이어(俚語)에 관한 것을 모두 쓸 수 있고, 글자는 비록 간단하고 요약하지만 전환(轉換)하는 것이 무궁하니, 이것을 훈민정음이라고 일렀다.

송구영신(送舊迎新). 정월은 낡은 것을 보내고 새것을 맞이하는 시기다. 모두 분주하다. 이 틈을 타서 슬그머니 넘어가려 했던가. 하지만 사대부들은 핏대를 세우며 노발대발했다. 이런 개 같은 글자가 어디 있어? 어험! 왕이 나라의 질서를 어지럽히니, 이를 어이할꼬? 단죄해야 한다는 목소리가 높았던 모양이다. 점잖은 양반 최만리가 총대를 메기로 했다. 그래, 붙자.

"전하, 아니되옵니다!"

> 세종 26년(1444년) 2월 20일, 집현전 부제학 최만리 등이 언문 제작의 부당함을 아뢰다.
> 집현전 부제학 최만리 등이 상소하기를, "신 등이 엎드려 보옵건대, 언문을 제작하신 것이 지극히 신묘하와 만물을 창조하시고 지혜를 운전하심이 천고에 뛰어나시오나, 신 등의 구구한 좁은 소견으로는 오히려 의심되는 것이 있사와 감히 간곡한 정성을 펴서 삼가 뒤에 열거하오니, 엎드려 성재(聖裁)하시옵기를 바랍니다.

최만리의 상소문은 훈민정음에 대한 조선 사대부들의 견해를 대변한다. 당시의 정서를 이해하는 데 아주 중요한 문건이다. 잘 음미해보자.

> **1.** 우리 조선은 조종 때부터 지성스럽게 대국을 섬기어 한결같이 중화의 제도를 준행(遵行)하였습니다. 언문은 모두 옛 글자를 본뜬 것이고 새로 된 글자가 아니라고 하지만 중국에라도 흘러 들어가서 혹

시라도 비난하여 말하는 자가 있으면 대국을 섬기고 중화를 사모하는 데에 부끄러운 일입니다.

상소 제1조에서 거론하는 모화사상(慕華思想)에 대해서는 재론하지 말자. 부끄럽다. 하지만 욕할 것도 없다. 대국의 바짓부리를 붙드는 것이 잘사는 지름길이라 여겨온 이들이 나라의 주권마저 팔아넘긴 일이 가까이에도 있지 않았던가? 도대체 조선의 사대부들을 모화니 사대니 손가락질하면서 당신의 아파트엔 '블레스티지'니 '트리마제'니 '텐즈힐'이니 해석도 되지 않는 영어를 붙이는 까닭은 무엇인가? '대국을 섬기고 중화를 사모하였던 조선의 사대부들'을 지탄하기 전에 우리의 얼굴을 돌아보자.

2. 몽고·서하(西夏)·여진·일본과 서번(西蕃)의 종류가 각기 그 글자가 있으되, 이는 모두 이적(夷狄)의 일입니다. 옛글에 말하기를, "화하(華夏)가 이적을 변화시킨다" 하였지, 이적이 화하를 변화시킨다는 말은 없었습니다.

상소 제2조의 논지는 현대판 오리엔탈리즘의 선구, 오랑캐론이다. 서양이 문명의 세계라면 동양은 야만의 세계다. 이렇게 서양인의 눈에 비친 동양인의 모습을 동양인의 지식인은 내면화한다. 자신이 동양인임을 부끄러워한다. 서양의 문물이라면 무조건 우수한 것이고, 동양의 문물은 죄다 버려야 한다. 오리엔탈리즘은 동양의 영혼을 갉아먹은 암이었다. 여기 오리엔탈리즘의 원조가 있다. 중화는 문명의 중심이요, 중화를 에워싸고 있는 이민족들은 모두 야만이라고 하는 오랑캐론이 그것이다.

영어를 배우는 일에 목숨을 걸어버린 사람들은 왜 한국은 영어를 모국어로 사용하지 않는지 답답해하고 있을 것이다. 영어를 배우느라 고생하지 말고 영어를 아예 일상생활에서 써버리자고 영어공용어론자들은 주장한다. 그들은 말한다. 영어가 21세기 국제 경쟁력의 핵심이라고. 현대의 효율지상주의자들은 최만리의 상소에 쌍수를 들어 환호할 것이다. 훈민정음을 고집하는 것은 오랑캐의 짓이라고.

> **3.** 신라 설총의 이두는 모두 중국에서 통행하는 글자를 빌려서 사용했기에 학문을 흥기하는 데 한 도움이 되었습니다. 어찌 예로부터 시행하던 글을 고쳐서 따로 야비하고 상스러운, 무익한 글자를 창조하시는 겁니까? 만약에 언문을 시행하오면 관리가 오로지 언문만을 습득하려 할 것입니다. 진실로 관리들이 28자의 언문으로도 족히 세상에 입신할 수 있다면 무엇 때문에 고심노사(苦心勞思)하여 성리(性理)의 학문을 궁리하려 하겠습니까?

상소 제3조에서는 다음 두 가지 주장을 편다. 하나는 우리말과 한문의 불일치에서 오는 불편을 설총이 만든 이두로 해소해왔다는 것이다. 이두는 한자를 빌려 사용했고 학문 연구에도 제법 보탬이 되었다고 최만리는 말하는데, 오해하지는 말자. 이는 이두 예찬론이 아니다. 새 글자는 이두보다 못하다고 비웃으려는 사전 포석일 뿐이었다. 그러고는 한글은 야비하고 상스럽고 무익한 글자라고 못 박는다. 최만리는 면책특권이라도 갖고 있었나? 아무리 신권(臣權)이 존중된 시대라도 신하의 입에서 나올 수 있는 말이 아니었다. 이것은 막말이다.

다음으로 관리들이 언문으로 업무를 보게 된다면 성리학을 탐구하는 수고를 누가 하겠느냐고 따지고 있다. 상소의 핵심은 바로 이것이다. 조선은 백성의 나라가 아니라 양반의 나라였다. 조선은 양반의 경제적 지위와 문화적 풍류를 보장해주는 대신 인구의 5할에 이르는 막대한 다수 민중을 종으로 혹사시킨 신분 사회였다. 조선이 자랑하는 대표적 유학자 퇴계 이황은 경상도 일대에 400여 명의 노비를 거느렸다. 〈면앙정가(俛仰亭歌)〉라는 작품을 남겨 가사문학의 효시로 유명한 송순 역시 담양 일대에 1000여 명에 달하는 노비를 거느린 사대부였다.

신하들은 최만리를 대표로 내세워 신분 질서를 어지럽히는 왕을 상대로 계급투쟁을 벌이고 있다. 희한한 일이었다. 율도국의 유토피아를 꿈꾼 《홍길동전》의 저자 허균이나 급진적 개혁 사상을 내포한 《허생전》의 저자 박지원이 신분 해체, 대동사회(大同社會) 건설을 내세웠다면 이해가 간다. 지금 문자의 개혁을 통한 민권의 신장, 계급적 불평등의 타파를 기획하고 있는 이는 왕이다. 적어도 왕을, 지배자들의 계급적 이익을 대표하는 자로 인식해왔던 우리에게 세종의 기획은 지극히 당혹스럽다. 왕이 지배자들의 문화 독점을 타파하려는 혁명을 추진하고 있기 때문이다. 왕이 지배자들의 계급적 이익에 대항하는 투쟁의 선봉에 서다니……. 이해할 수 없는 사건이 조선 땅에서 벌어진 것이다.

> **4.** 예로부터 중국은 말과 글이 같아도 옥송(獄訟)에 원통한 누명을 써서 억울한 것이 심히 많습니다. 가령 우리나라도 죄수가 허위인 줄을 알면서도 매를 견디지 못하여 그릇 항복하는 경우가 많습니다. 형옥(刑獄)의 공평함은 옥리(獄吏)가 어떠하냐에 있는 것이지, 말과 문자에 있는 것이 아닙니다. 언문으로써 옥사를 공평하게 한다는 것은 옳지 않습니다.

상소 제4조는 언문이 옥사의 공평에 아무 도움이 되지 않는다는 것이다. 세종은 한문으로 된, 난해한 법조문을 독해할 수 없는 백성들의 답답함을 풀어주고 싶었다. 법조문은 양반과 상민 모두에게 평등하게 적용되어야 한다. 그런데 법조문을 읽을 수 있는 이들은 양반이다. 그렇지 않아도 사회적 약자의 지위를 벗어날 수 없는 백성들이 양반의 불법행위에 대항하여 송사에 나섰을 때 송사의 결과는 불을 보듯 뻔하다. 양반의 이익이 법이다.

그렇다면 송사의 불평등을 개혁하는 방도는 백성들도 읽을 수 있는 법률을 만드는 것이다. 이는 로마의 평민들이 귀족들의 불문법에 대항하여 쟁취해낸 성문법인 '12표법'이 그러하듯이 엄청난 민권 신장을 의미한다.

5. 또한 이번 청주 초수리에 거동하시는 데도 모든 일을 힘써 간략하게 하셨고, 계달하는 공무도 의정부에 맡기시어, 언문 같은 것은 국가의 급한 일도 아니온데, 어찌 이것만은 행재(行在, 왕이 나들이 때 머물던 별궁)에서 급급하게 하시어 성궁(聖躬, 왕의 몸)을 조리하시는 때에 번거롭게 하시나이까. 신 등은 더욱 그 옳음을 알지 못하겠나이다.

세종대왕은 여러 지병에 시달렸다. 30대 후반에 벌써 풍병(風病), 당뇨병에 시달리기 시작했다. 육식을 좋아하여 몸이 비대했다고 하니 당연 찾아오는 성인병들이다. 여기에 밤늦도록 공부를 하여 늘 눈병을 앓았다. 하여 영험하다는 온천을 찾아 휴양하는 것이 또 하나의 과제였다.

지금 최만리의 상소 제5조는 한글 창제와 관련된 한 가지 비밀을 우리에게 보여준다. 세종은 온천을 찾아다니는 중에 한글을 연구한 것이다. 경복궁에 있으면 늘 신하들의 감시를 받는다. 새벽 2시, 다들 자는 밤에 몰래 일어나 불을 켜도 상궁들이 본다. 다음 날 영의정에게 고자질한다. 그래서 온천으로 요양 간다는 명분으로 얻게 되는 여행 기간은 신하들의 눈초리를 피할 수 있는, 참으로 편한 연구 공간이었다. 신하들은 불만을 품었다. 몸이 좋지 않다는 이유로 공무를 의정부에 다 떠넘긴 것은 뭐고, 그깟 장난 같은 글자 몇 개 만드는 일에 몸이 상하도록 몰두하다니…….

6. 선유(先儒)가 이르기를, "완호(玩好)는 지기(志氣)를 빼앗는다"라고 하였습니다. 이제 동궁이 성학(聖學)에 잠심(潛心)하시어 궁구해

야 할 것입니다.

상소 제6조는 이 나라 부모 모두가 꼼짝 못하는 자식의 교육 문제를 물고 늘어진다. 동궁은 차세대에 왕이 될, 왕의 아들이다. 문종이다. 동궁이 성학에 매진하는 것은 국사의 으뜸이다. 그런데 한창 공부해야 할 아이가 완호, 그러니까 요즘의 컴퓨터 게임에 빠지면 장차 어디에 써먹겠느냐고 삿대질하고 있는 것이다.

훈민정음 속에 깃든 철학적 원리

한글은 과학적인 문자이기 이전에 철학적인 문자다. 정인지는《훈민정음》서문에 이렇게 쓰고 있다.

> 천지자연의 소리가 있다면 반드시 천지자연의 문자가 있어야 한다(天地自然之聲 則必有天地自然之文). 그리하여 옛사람은 소리에 따라 글자를 만들어 만물의 사정을 통찰하고 삼재의 도리를 전달하였으니, 후세 사람이 쉽게 바꿀 수 없었다. 그러나 사방의 풍토가 달라지고 소리의 기운 또한 달라졌다.

당당한 웅변이다. 우렁찬 목소리로 읽어야 한다. 천지자연의 소리가 있다면 그에 상응하는 문자가 있어야 한다는, 이 포고문은 우리 겨레의 세계관을 응축하고 있다. 이 세계는 하늘과 땅 그리고 사람이 만나 이루어진 것이다.

세상은 변하는 것. 변화야말로 이 우주의 만고불변의 진리다. 우리 겨레의 뿌리는 기마민족이라 한다. 바이칼에서 싱안링 산맥을 넘어 만주로, 요동으로 그리고 압록강으로 내려오면서 산천의 모습도 달라지고 삶의 방식도 달라졌을 것이다.

그런데 여기에 나오는 '옛사람이 만든 글자'는 무엇일까? 세종대왕과 정인지는 오늘날의 우리가 모르는 어떤 고대 문자를 알고 있음이 분명하다. 언어학에 종사하는 젊은 연구자들의 분투가 기대되는 대목이다.

> 대개 외국의 말은 소리는 있으나 문자가 없다. 중국의 문자를 빌려 사용하고 있으나 이는 둥근 구멍에 모난 자루를 끼운 것과 같아 의사소통이 되지 않는다.

시집간 딸이 친정어머니가 보고 싶어 편지를 보낸다. "어머니 보고 싶어요." 하지만 말을 전달할 문자가 없다. 의지할 문자는 한자밖에 없다. 딸은 이렇게 쓸 수 있다. "魚馬尼步古十於了(어마니보고십어요)." 이 편지를 접한 어머니는 눈물을 흘리겠지만 이 편지를 본 아버지의 마음은 아플 것이다. 세상에 저를 낳고 키워준 어머니를 '魚馬尼(물고기와 말)'로 옮기다니!

딸도 공부를 해야 한다. 이제 딸이 한문으로 마음을 전한다. '我欲見母親(아욕견모친).' 딸의 심정을 정확히 전달한 한문이지만 '보고 싶어요'

라는 말에 들어 있는 간절함을 '欲見'은 실어 나르지 못한다. '어머니'라는 말에 들어 있는 우리의 타고난 숨결, 타고난 마음씨를 '母親'은 실어 나르지 못하는 것이다. 조선인은 한문으로는 자신의 정서를 다 전달할 수 없다. 그래서 정인지는 이를 두고 둥근 구멍에 모난 자루를 끼우는 격이라 한 것이다. 우리의 말은 둥근데, 어떻게 모난 한자로 우리의 뜻을 전달할 수 있겠느냐는 것.

> 요컨대 각자의 처소에 따라 편하게 할 일이지, 동일한 문자를 쓰도록 강제할 일이 아니다. 우리 동방의 예악과 문장은 중국과 비슷하나 나라말은 중국과 다르다.

자주적 정신. 각 민족과 종족은 저마다 삶의 모양이 다르므로 자신의 처지에 맞는 글자를 편하게 쓸 일이지, 특정의 문자를 강제해선 안 된다는, 이 한 문장의 주장 속에는 21세기를 이끌어갈 문화 다양성의 정신이 새겨져 있다.

> 글 배우는 자는 글의 난해한 취지를 깨우치기 힘들어하고, 옥사를 다루는 자는 난해한 곡절을 소통하기 힘들어한다.

솔직한 고백이다. 나는 지금까지 한문을 배웠지만 아직도 한문 앞에 서면 작아진다. 시골에 가면 마을마다 제당이 있고 제당 기둥에는 7언 절구의 한시들이 쓰여 있는데, 나는 아직 이 주랑의 한시 앞에만 서면 고개가 숙여진다. 모르겠다. 지난번에는 뒷산에 올라 숲속의 공기를 마시고 내려오는 길목에서 비석을 만났다. 눈 비비고 비문을 읽어보려 했지만 여전히 나의 독해력은 젬병이었다.

세종의 고백은 진실하다. 퇴계나 율곡, 허균이나 다산과 같은 천재가 아니고서는 모두 난해한 한문 앞에 두 다리를 후들후들 떨었을 것이다. 한문은 매우 불친절한 문자다. 오죽했으면, 조선 성리학의 대가 퇴계가 제자 고봉 기대승에게 모르는 한자의 뜻을 고증해달라고 부탁했을까.

옥사를 다루는 자는 난해한 곡절을 소통하기 힘들다는 대목이야말로 세종대왕의 심정을 있는 그대로 표현한 것이다. 조선시대에도 사형 판결만큼은 쉬이 내리지 않았다. 사형은 왕의 재가를 얻어야 했고 증거가 충분하지 않을 경우 반드시 재심에 들어가는 것이 관례였다. 칼자국이 사체의 어느 부위에 남은 것인지, 사체의 위장에 남은 음식물은 무엇인지, 사체의 부패가 어느 정도인지, 한문으로 어떻게 그 미묘한 사정을 전달할 것인가?

> 옛날 신라의 설총이 이두를 만들어 관청과 민간에서 지금까지 사용하고 있다. 모두 글자를 빌려 사용하니 어색하기 그지없다. 이치에 합당하지 않을 뿐만 아니라 말과 소리의 관계에 있어서 소통되지 않는 경우가 너무 많다.

그리하여 원효가 요석공주를 만나 설총을 낳았던 것이다. 민중의 이 답답함을 조금이라도 풀어주자는 역사적 소명을 이루기 위해 설총은 이

두를 만들었다. 하지만 이두는 울며 겨자 먹기의 선택이었을 뿐이다.

> 계해년 겨울 우리 전하께서 정음 28자를 창제하시고 예의(例義)를 간략히 보이시며 훈민정음이라 이름 하셨다. 고전(古篆)을 본떠 글자의 모양을 만들고 칠조(七調)의 원리에 따라 소리를 분해하니, 삼극(三極)의 뜻과 이기(二氣)의 오묘함이 다 들어 있다.

여기 훈민정음의 철학적 원리가 등장한다. 훈민정음의 철학적 원리는 음양 이론에 있다. 천지자연은 낮과 밤, 하늘과 땅, 남자와 여자 등 음양의 이치로 움직인다. 15세기 조선 성리학자들의 세계관은 지식인들만 이해하는 심오한 학설이 아니었다. 농촌에서 땅을 파먹고 사는 무지렁이 농사꾼도 음양 이론을 이해하고 있었다.

천지인삼재(天地人三才)의 도리는 조선인들이 오랫동안 마음에 품고 간직해온 조선인의 고유 사상이다. 하늘과 땅이 만나 사람의 생명이 나온다. 하늘의 신기(神氣)와 땅의 정기(精氣)가 만나 이루어지는 것이 생명이다. 하늘의 신기는 숨을 통해 인간의 몸으로 들어오고, 땅의 정기는 밥을 통해 들어온다.

그러다가 신기와 정기가 헤어지는 죽음의 때가 온다. 회자정리(會者定離). 선조들은 죽음을 '돌아감'으로 보았다. 신기는 하늘로 돌아가고 정기는 땅속으로 돌아간다. 그래서 설이나 추석 때 우리는 두 번 절을 한다. 저녁엔 밥상을 차려놓고 조상의 영령 앞에 절을 한다. 다음 날 아침에는 산소에 가서 조상의 백골 앞에 또 절을 한다.

하늘의 태양은 점이다. 땅은 수평선 'ㅡ'요, 사람은 직립하므로 'ㅣ'다. 태양이 수평선 위에 있으면 '오'요, 아래에 있으면 '우'다. '오'는 밝고 '우'는 어둡다. 하늘이 사람 앞에 있으면 '아'요, 사람 뒤에 있으면 '어'라는 것이다. '오'와 '아'는 밝다. 따라서 양이다. '우'와 '어'는 어둡다. 따라서 음이다. 우리말의 모든 소리와 글자에는 이렇듯 음양의 원리가 반영되어 있으며, 동시에 천지인삼재의 원리가 투영되어 있다.

> 28자를 가지고 자유자재의 변환을 할 수 있어 간결하고 요긴하며 정밀하고 화통하다. 슬기로운 사람은 하루아침에 깨우치고, 어리석은 이라도 열흘이면 배울 수 있다.

중요한 것은 이 대목이다. 나는 한글을 배운 기억이 없다. 다섯 살짜리 아이가 어머니 등에 업혀 시내를 다니는데, 종알종알 거리의 간판을 읽더라는 것이다. 한국에 학원이 많으나 한글을 가르치는 학원은 없다. 아침 한나절이면 배운다 해서 별명도 '아침 글자'다. 여기에 세종대왕의 애민정신이 들어 있다.

> 이 글자로 글을 풀이하면 그 뜻을 쉽게 알 수 있고 이 글자로 송사를

다루면 실정을 쉽게 파악할 수 있다. 글자의 청탁을 쉽게 판별할 수 있고 노랫소리의 운율을 고르게 할 수 있다. 표현할 수 없는 소리가 없고 전달되지 않는 글자가 없다. 바람 소리, 학과 닭의 울음소리, 개 짖는 소리도 모두 적을 수 있다.

글자의 청탁을 쉽게 판별할 수 있는 이유는 음양의 원리가 깔려 있기 때문이다. 알파벳과 한글은 같은 음운문자지만 알파벳에는 다섯 개의 모음밖에 없다. a, e, i, o, u. 이 다섯 개의 모음으로 모든 소리를 표기하다 보니, 문자와 발음이 서로 맞지 않는다. 그래서 철자를 암기해야 하는 어려움이 발생한다. 한글의 모음은 체계적이다. 소리 나는 대로 표기하고 표기한 대로 읽어주면 된다.

이에 왕께서 자세한 해석을 달아 여러 사람을 가르치라 분부하셨다. 열심히 여러 해례를 만들어 글자의 개관을 서술하였으니, 보는 사람들이 선생 없이도 스스로 깨우치길 바란다.

세종대왕은 글자를 완성하고도 또 해례를 만들도록 지시한 것이다. 선생 없이도 스스로 깨우칠 수 있게 하자는 것이다. 자상한 배려다. 하여 정인지는 이렇게 썼다.

글자가 지닌 연원과 정밀한 뜻의 오묘함이야 우리의 역량으로 드러낼 수 없다. 공손히 생각하건대 전하는 하늘이 내신 성인(聖人)이

시다. 지으신 법도와 베푸신 시정은 백왕(百王)을 초한다.

이상국가, 정의가 구현되는 국가를 만드는 것이 플라톤의 바람이었다. 18세기 프랑스의 계몽주의자들은 플라톤의 철인정치론이 동양에서 구현되었다는 것을 뒤늦게 알고 매우 부러워했다고 한다. 정도전은 이성계를 보필한 철인이었고, 세종은 왕 노릇을 한 철인이었다. 〈월인천강지곡(月印千江之曲)〉, 대왕의 공덕은 천의 가람을 비추나니…… .

고전 읽기

《훈민정음(訓民正音)》

조선의 제4대 임금인 세종대왕이 1443년에 만들어 1446년에 공포한 한국어 문자 체계, 훈민정음에 대한 한문 해설서. '백성을 가르치는 올바른 소리'란 뜻의 훈민정음은 창제 당시엔 28자였으나 오늘날에는 24자만 쓰인다. 한국어를 완벽하게 표기할 뿐만 아니라 배우기와 사용하기에도 편리하다. 세계의 많은 민족들이 자기 문자를 만들려고 노력했으나 한글처럼 특정한 사람이 기존 문자의 영향을 직접 받지 않은 채 독창적이고 과학적으로 새 문자를 만들고 국가의 공용문자로 사용하게 한 일은 세계적으로 유례가 없다. 이에 최근에는 전 세계의 소수민족에게 한글을 보급하는 일이 학계를 중심으로 추진되고 있다. 정부가 《훈민정음》의 출판일을 기념하여 한글날을 제정한 것이나 유네스코가 문맹퇴치에 공헌한 사람들에게 '세종대왕문해상'을 주는 것은 훈민정음의 문화사적 의의를 보여준다. 현재 《훈민정음》은 국보 제70호로 지정되어 있으며 1997년 10월 유네스코 세계기록유산으로 등재되었다.

Chapter 9

진리의 바닷가에 살았던 소년

뉴턴
Newton

세상에는 역사를 바꾼 수많은 사과들이 있다. 아담과 이브의 사과, 트로이 왕자 파리스의 사과, 빌헬름 텔의 사과, 백설공주의 사과, 애플 컴퓨터의 사과……. 하지만 그 어떤 사과도 뉴턴의 사과만큼 역사의 흐름에 결정적인 역할을 하지는 못했다. 뉴턴이 떨어지는 사과를 보고 발견했다는 만유인력의 원리는 근대과학의 완성이었다.

당대 '천재성'의 상징으로 여겨지며 수많은 일화를 탄생시켰던 뉴턴. 누구나 '알고 있다고 생각하는' 뉴턴의 이야기는 사실 수많은 천재들의 발견이 얽히고설킨 집단 지성의 금자탑이었다. 과학혁명의 마침표인 뉴턴의 이야기를 따라 우리 시대의 기원을 거슬러 올라가보자.

"나와 뉴턴 중에 누가 더 위대하오?"

프랑스의 천재적 수학자이자 천문학자인 라그랑주에게 나폴레옹이 물었다.

"뉴턴 같은 사람은 오직 하나뿐입니다. 그리고 발견할 세계도 하나 뿐입니다."

나폴레옹은 섭섭했을 것이다. 유럽을 정복한 나폴레옹 앞에서 이렇게 직언할 수 있는 라그랑주도 대단한 배짱이지만 역사는 그렇게 평가할 수밖에 없다. 나폴레옹과 같은 정복자는 여러 명 나왔지만 뉴턴과 같은 과학자는 단 한 명만 출현했기 때문이다.

《철학 콘서트》에 인류의 현자들을 소개하면서 그들의 간단한 내력을 실었다. 만일 우리가 뉴턴을 인류의 현자 반열에 올려놓는 데 동의한다면 《철학 콘서트》 등장인물 중 가장 불우한 어린 시절을 보낸 현자는 뉴턴이 될 것이다. 마구간에서 태어난 예수보다, 사생아로 태어난 공자보다 더 불우한 아이가 뉴턴이었다. 그가 태어나기 두 달 전 그의 아버지가 돌아가신다. 1642년 10월에 뉴턴의 아버지가 돌아가시고 뉴턴은 크리스마스에 세상에 태어난다. 열 달을 다 채우지 못하고 나온 칠삭둥이였다. 1리터짜리 병에 들어갈 정도로 작고 약해서 다들 곧 죽을 줄 알았다고 한다. 어미의 심정은 얼마나 아팠을까? 설상가상으로 어머니가 재혼해 집을 나간다. 뉴턴의 나이 세 살 때의 일이다. 아이에게 어머니는 하늘이다. 하늘이 떠나간 것이다.

재혼하여 떠난 어머니가 다시 뉴턴의 곁으로 돌아온 것은 뉴턴의 나이 열네 살 때의 일이었다. 아버지 없는 뉴턴의 가계는 힘들었나 보다. 어머니는 뉴턴에게 농사일을 맡긴다. 학교는 자퇴. 하지만 농사는 뉴턴의 적성이 아니었다. 닭장 문을 열어놓아 닭들이 채소밭을 망가뜨리지 않나, 돌보아야 할 소와 양을 잃어버리지 않나, 엉뚱한 생각에 사로잡혀 말은 어데 가고 말고삐만 손에 쥐고 집에 돌아오기도 했다. 뉴턴을 다시 학교에 보내 학업을 연마하도록 어머니를 설득한 이는 삼촌 제임스였다.

3년 만에 학교에 복학하여 졸업을 하고 마침내 케임브리지 대학교의 트리니티 칼리지에 입학하여 학문 탐구에 열중하기까지 뉴턴이 걸은 길은 외로운 고학의 길이었다. 경제 사정이 넉넉지 못하니 대학 생활도 근로장학생으로 다녀야 할 판. 방과 후면 식당의 접시를 닦았고 동료 학생들이 먹다 남긴 것을 먹어야 했다. 친구들은 가난한 근로장학생과는 같이 있으려고도 하지 않았다.

흑사병의 역설

인간의 역사를 보면 고난을 극복하는 과정에서 위대한 성취가 이루어지는 역설을 자주 목격하게 된다. 14세기 유럽을 강타한 흑사병은 아이러니하게도 근대소설의 선구인 《데카메론》을 낳았다. 전염병을 피하여 깊은 산속 별장으로 피신한 선남선녀들이 무료함을 달래기 위해 기이한 이야기들을 늘어놓았다. 그들의 음담패설 토크쇼를 담은 작품이 바로 《데카메론》이다. 인간이 성욕을 느끼는 것은 아주 건강한 삶의 징표다. 청춘 남녀가 서로 만나 욕망을 품지 않는다면 인간이라는 종은 진즉 사라졌을 것이다. 자연은 사랑이란 마법을 부려 청춘 남녀의 눈을 멀게 하나 보다. 인간의 욕망을 사악한 것으로 단죄했던 중세 교회의 위선적인 도덕을 보카치오는 《데카메론》을 통해 고발한 것이다.

이 흑사병은 1665년 런던을 다시 강타했다. 공포에 질린 사람들은 신에게 기도하기 위해 모여들었으나 그럴수록 병은 더욱 퍼졌다. 수많은 런던 시민이 살갗이 검게 타는 병으로 목숨을 잃었다. 대학 도시 케임브리지는 휴강에 들어갈 수밖에 없었다. 케임브리지의 트리니티 칼리지에서 면학 중이던 뉴턴도 자신의 의지와는 무관하게 시골로 피신했다. 이렇게 고향 울즈소프는 과학혁명의 여명을 알리는 천재의 휴양소가 된다.

강요당한 게으름은 반드시 저주받을 일은 아니다. 일상의 잡무로부터 벗어나 누리는 정신적 한가와 자유는 천재에게 긍정적 의미를 가진다. 일반 사람들에게는 놀고 있는 것처럼 보이는 바로 그때 천재는 오히려 훨씬 효율적으로 자신의 일을 수행한다. 과학자의 정신에는 숱한 영감이 떠오르고 통합되면서 왕자의 키스처럼, 진보를 방해해온 온갖 마법을 물리치고 그 자리에 생명력을 충만케 한다.

뉴턴 자신의 기록에 의하면 이때 뉴턴은 수학 분야에서 엄청난 진보를 이룩했다고 한다. 1664년에서 1665년으로 넘어가는 겨울 뉴턴은 무한급수의 해법을 발견하여 쌍곡선의 면적을 계산했으며, 1665년 5월 20일에는 유율법, 즉 미적분을 최초로 발견했다. 만일 뉴턴이 케임브리지에 머물면서 트리니티 칼리지의 강의를 듣고 있었다든가, 도서관에서 수학 논문을 읽고 있었더라면 바쁜 일정에 묻혀 창조적 사유의 틈을 얻지 못했을 것이다. 쓸쓸한 고향 울즈소프, 아무런 책도 실험도구도 없는 집에서 뉴턴이 할 수 있는 것은 사고실험이었다. 뉴턴은 한시도 생각을 멈추어본 적이 없는 인물이었다.

자칭 천재는 많다. 그러나 천재적 성취는 드물다. 왜냐하면 천재적 성취는 무서우리만큼 혹독한 집중의 결과물이기 때문이다. 애덤 스미스가 파자마 차림으로 집밖에 나가 하수구에도 빠지고 맨홀에도 빠질 정도로 미치광이 같았다는 일화는 유명하다. 그는 차를 끓이면서 빵 부스러기를 집어넣고는 "왜 이렇게 차 맛이 없지?"라고 했다고 한다. 뉴턴도 만만치 않았다. 달걀 반숙을 하기 위해 불 위에 올려놓은 냄비의 뚜껑을 열어보니 시계가 반숙되어 있었다는 일화는 유명하다.

인생을 즐기기 위해서만 사는

이들이 보기엔 천재란 영락없이 미친 사람이다. 그들은 돋보기처럼 한 가지 일을 향해 자신의 온 에너지를 불태운다.

거인의 어깨에 올라

인간은 사회적 존재다. 지나간 인생을 돌이켜보면 우리의 삶이 이웃의 노고에 얼마나 빚지고 있는가를 알 수 있다. 우리는 남이 농사지은 쌀을 먹고 산다. 남이 만든 옷을 입고 산다. 남이 지은 집에서 산다. 물질적 생존만 타인에게 의존하는 것이 아니다. 언어와 사유도 큰 빚이다. 앞선 분들의 지적 축적이 없었다면 우리 손엔 휴대전화가 아니라 돌도끼가 들려 있을 것이다.

뉴턴도 마찬가지다. 뉴턴이 중등학교와 대학교에서 정규 학문을 배울 수 있었던 것은 전적으로 그의 삼촌 덕택이었다. 이 점은 아홉 살에 아버지를 여의고 삼촌 밑에서 자란 코페르니쿠스도 마찬가지였다. 하지만 뉴턴의 천재성이 실현되는 데는 삼촌 외에도 스승 아이작 배로의 공로가 컸다.

배로는 넘치는 사랑과 지혜로 뉴턴에게 가장 큰 영향력을 미친 인물이었다. 배로는 유머와 배짱을 가진 자존심 강한 인물이었으며 어려운 시대의 정치적 투사였다. 또한 그리스어와 라틴어로 시를 지을 정도로 고전어에 박식했다. 기독교인이자 평화주의자였고 학생들에게 케플러, 갈릴레이, 코페르니쿠스, 데카르트의 원전을 읽도록 자극하고 권고했던 스승이었다.

젊은 시절의 배로는 지나치게 투쟁적이어서 결국에는 싸움질 때문에 퇴학을 당했다. 스무 살의 그는 하는 수 없이 파리로 갔고, 왕당파로 시민군을 피해 달아났으며, 나중에는 피렌체로 갔다. 도처에서 공부를 하며 다양한 경험을 쌓은 이 사상가는 청중들 앞에서 자신이 축적한 지식들을 강의했다. 배로는 완전한 대답이 없는 도전적인 과제를 던져줌으로써 이상의 세계로 젊은이들을 인도했다. 그는 루카스의 기금으로 운영되는 루카스 석좌 강의를 맡은 최초의 교수였다. 배로는 뉴턴이 자신보다 유능하다고 생각했기 때문에 1669년 자신의 교수직을 뉴턴에게 물려주었다. 스티븐 호킹도 역임했던 바로 그 자리다.

뉴턴의 사상적 스승은 세 사람이다. 갈릴레이와 케플러와 데카르트가 바로 뉴턴의 사상 형성에 결정적 영향을 미친 과학자들이다. 뉴턴은 대학에서 갈릴레이의 역학, 케플러의 광학과 천문학, 데카르트의 기계적 철학, 광학과 기하학 저술을 파고들었다. 특히 자연현상을 물질과 운동으로 설명하면서 아리스토텔레스를 비판한 데카르트의 기계적 철학에 매료되었다. 갈릴레이의 역학 이론과 케플러의 세 가지 행성운동 법칙, 데카르트의 해석기하학이 없었다면 뉴턴의 《프린키피아》는 피어날 수 없는 연꽃이었다. 그리고 이 세 명의 사상적 스승을 뉴턴에게 연결해준 사람이 바로 배로였다.

만유인력의 씨앗

400년 전의 영국은 별 볼일 없는 나라였다. 시골에서 강제로 추방당한 농민들이 갈 곳 없는 거지가 되어 전국을 유랑하고 있었고 왕과 귀족이라는 자들은 자기 배를 불리는 데만 열중한 채 백성의 삶을 돌보지 않던 야만의 나라였다. 《유토피아》를 쓴 토머스 모어에 의하면 빵 하나 훔친 죄로 사람의 목숨을 앗아가던 시대였다. 에라, 나쁜 놈들. 왕의 말을 법으로 알던 시대였고 인간의 기본권은 눈 씻고 찾아보려야 볼 수 없는 시대였다. 1666년에만 흑사병에 걸려 3만 명이 죽어갔다.

전언에 의하면 1666년 어느 날 뉴턴은 울즈소프 정원에 앉아 사과가 나무에서 떨어지는 것을 보았다고 한다. 지구가 사과를 당기는 중력을 뉴턴이 처음 발견한 것은 아니다. 고대에도 지구의 중력 개념은 상식에 해당하는 지식이었다. 갈릴레이는 지구의 인력에 관한 모든 것을 알아냈다. 뉴턴의 천재성은 사과의 낙하에 작용하는 중력이 저 멀리 떠 있는 달에까지 미쳐, 달의 공전운동을 가능하게 한다는 사실을 발견한 데 있다.

사태의 본질은 이러한 것이었다. 뉴턴의 천재성이 불꽃을 튀기던 그 순간을 굳이 몇 마디 말로 옮겨보자.

> 행성들이 태양의 주위를 도는 이유는 뭘까? 행성들은 왜 직선궤도를 그리며 태양 주위에서 떨어져나가지 않는가? 끈에 공을 매달아 돌릴 때처럼 매 순간 직선 경로로 이탈하지 않도록 궤도 가운데에서 물체를 당기는 힘이 분명히 존재한다. 이 힘은 태양에서 나올 것이

다. 달도 지구 주위를 공전한다. 그렇다면 달을 공전하게 하는 힘은 지구에서 나올 것이다.

어?! 방금 사과 한 개가 땅에 떨어졌다. 지구가 당겼기 때문이다. 그러면 지구의 영향은 얼마나 멀리 뻗칠까? 지구의 중력은 어디까지 어떻게 미치는가? 지구가 태양의 둘레를 여행하듯 달이 지구 주위를 무한히 돌도록 강제하는 이 힘의 작동 방식은 무엇인가?

지구의 중력은 모든 거리에서 동일하다고 가정할 수 없다. 이는 분명하다. 중력은 지구로부터의 거리에 따라 달라질 것이다. 거리가 늘어나면 중력은 약해져야 한다. 이렇게 줄어드는 정도는 얼마나 될까? 한 물체가 다른 물체보다 지구 중심으로부터 두 배 멀리 있다고 가정하자. 지구가 이 두 물체에 미치는 인력의 관계는 무엇인가?

자연 문제의 해법에서 가장 중요한 단계는 문제 자체의 정식화다. 뉴턴은 그의 문제를 대가다운 솜씨로 정식화했다. 이제 해법을 공략하는 것만 남았다.

중력의 당김은 거리에 따라 어떻게 변하는가? 한 점으로부터 중력이 모든 방향으로 발생한다고 가정하자. 그리고 그 점을 중심점으로 하는 두 개의 구를 가정하자. 한 구의 반지름은 다른 구의 반지름의 두 배다. 동일한 중력의 영향이 두 개의 서로 다른 구의 표면으로 확장한다. 그런데 반지름이 두 배인 구는 작은 구에 비해 표면적이 네 배 넓다. 따라서 큰 구의 표면에 미치는 중력은 작은 구의 표면에 미치는 중력의 4분의 1이어야 한다. 이는 역제곱 법칙으로 일반화된 다. 중력은 거리의 제곱에 반비례한다.

이상의 생각이 뉴턴의 마음을 스치고 지났을 것이다. 그러나 자연의 문제들을 보는 뉴턴의 시각은 놀라울 정도로 현실적이었다. 그에게 중요한 것은 한 양동이의 이론적 논증보다 한 컵의 관찰, 실험적 증명이었다. 뉴턴의 과학적 연구 전체에 걸쳐 이런 특성이 나타난다. 뉴턴은 중력 법칙을 정당화해줄 관찰의 근거를 찾았다. 50년 전에 발견되었으나 아무도 그 의미를 이해하지 못했던 케플러의 제3법칙이 뉴턴이 찾던 증거였다.

천재는 없다

한국의 출판계는 기형적이다. 뉴턴에 관한 책은 많으나 대부분 동화책이다. 코페르니쿠스와 갈릴레이에 관한 책 역시 마찬가지다. 한국인들은 근대 과학혁명을 일군 코페르니쿠스와 갈릴레이 그리고 뉴턴의 이론을 열 살 때 다 이해해버리는가. 이분들에 관한 권위 있는 평전은 매우 드물다. 코페르니쿠스의 《천구의 회전에 관하여》는 한글판을 구하기도 힘들다.

뉴턴에 관한 아동물들은 한결같이 1666년의 발견을 기적으로 묘사한다. 뉴턴이 천재였으니까 가능한 일이라는 것이다. 하지만 어른들은 이

런 동화를 믿지 않는다. 뉴턴의 천재적 발견은 오직 피나는 노력, 무서운 집념, 성실한 연구의 정직한 결과일 뿐이다. 우연은 없다.

뉴턴은 케임브리지 대학교에 재학할 당시 자신이 읽은 책의 내용을 노트에 적어놓기로 유명했다. 만유인력이라는 개념과 관련해서 중요한 대목은 데카르트를 공부하면서 적어놓은 부분이다. 그것을 통해 뉴턴이 데카르트를 아주 철저하게 흡수하고 그것을 기초로 자신의 생각을 발전시켜나간 모습을 발견할 수 있다.

뉴턴은 읽은 내용을 그저 요약하는 것에 머무르지 않았다. 읽은 내용을 요약하고, 더 나아가 그것이 사실일 때 논리적으로 도출되는 결과들을 기록했으며, 그것을 실제 자연현상과 비교해 맞는지 틀린지를 확인했다. 또는 읽은 내용에서 논리적으로 도출되는 결과를 검증할 수 있는 실험 상황을 설정하기도 했다. 잠은 네댓 시간밖에 자지 않았고 직접 반사망원경을 만들기도 했다. 색 현상을 연구하기 위해 뜨개질바늘로 자기 눈을 찌르기도 하고 연금술을 연구하면서 중금속과 독극물을 먹기도 했다. 자연의 신비에 취한 청년은 자만할 틈도 없었다.

케플러, 우주의 음악을 듣다

혁명가는 늘 자신의 제자에 의해 전복된다. 청출어람(靑出於藍), 이는 역사 진보의 재미있는 역설이다. 코페르니쿠스의 체계는 기존 체계에 비해 엄청난 진전이었다. 그러나 어떤 혁명도 단번에 모든 걸 완벽하게 바꾸지는 못한다. 코페르니쿠스는 우주의 중심에서 지구를 떼어내고 그 자리에 태양을 끼워 넣었지만 역학에 관한 한 프톨레마이오스-아리스토텔레스의 체계를 따르고 있었다. 그는 지구와 태양과 달을 포함한 행성들이 완전한 원운동을 한다는 옛날의 고정관념으로부터 자유롭지 못했다. 때문에 그의 우주는 프톨레마이오스의 체계보다 오히려 더 많은 원을 사용해야만 했다.

바로 이 '완전한 원'에 대한 집착, 아리스토텔레스의 마지막 굴레로부터 인류를 해방시킨 인물이 케플러다. 뉴턴처럼 조산아로 태어나 평생을 병에 시달렸던 그는 '우주의 수학적 하모니'를 듣기 위해 살았던, 피타고라스의 먼 제자다. 당시 가장 정확한 천문 관찰 자료를 갖고 있었던 티코 브라헤를 만난 것이 그의 가장 큰 행운이었다. 그는 스승이 내준 '화성 궤도 계산' 숙제를 풀다가 원궤도에 대한 집착에서 벗어나게 된다. 8일이면 풀 수 있을 거라 장담했다가 8년간 매달린 결과다. 거의 종교적인 집요함과 천재적인 도약이 합쳐져, 원궤도가 아닌 타원궤도가 태양계의 진리임을 드디어 밝혀낸다.

그러면 지구나 화성이 태양을 중심으로 타원을 그리며 돈다는 것은 무슨 애기인가? 그려보면 간단하다. 태양이 있는 곳에 못을 박고 조금

옆에 또 하나의 못을 박는다. 그리고 둘 사이를 긴 실로 묶은 뒤 실에 연필을 걸고 빙 돌리면 타원이 나타난다. 이것이 바로 케플러의 제1법칙이다.

1. 행성들은 태양을 하나의 초점으로 하는 타원 위를 움직인다.

그러면 행성들은 타원을 어떤 속도로 도는가? 경로의 특정 지점에서 행성의 속도는 얼마인가? 만일 케플러가 그 무렵 제대로 된 역학 지식을 가졌더라면 이 속도 법칙을 아주 쉽게 알아냈을 것이며 뉴턴을 앞섰을지도 모른다. 그러나 역학적 진보는 그에게 너무 늦게 왔다. 그는 커다란 종이를 900장이나 버리고서야 해답을 찾았다. 그것은 다른 누구의 힘으로도 할 수 없었던 대단한 일이었다. 케플러는 해냈다. 1609년 출간한《새로운 천문학》에는 케플러의 제2법칙도 들어 있다.

2. 태양과 행성을 잇는 선은 같은 시간에 같은 면적을 쓸고 지나간다.

두 번째 법칙은 무엇을 뜻하는가? 그것은 행성이 태양과 가까이 있을 때에는 빨리 공전하고 멀리 떨어져 있을 때에는 느리게 움직인다는 뜻이다. 그것은 행성의 참된 경로를 발견한 위대한 성취였다. 코페르니쿠스에 의해 개시된 혁명의 완수였다. 이제 중세 천문학의 특징이었던 수많은 원들이 영원히 사라진다. 케플러는 코페르니쿠스 체계에 근대의 정신을 부여했다. 하지만 행성이 태양 주위를 돌며 쓸고 가는 면적이 늘 같다는 이 법칙의 의미가 무엇인가를 케플러는 몰랐다. 그는 진리의 발견자였으나 이 진리의 의미에 대해선 몰랐다.

이 두 법칙을 발견한 후 케플러는 더 신비한 마지막 법칙을 향해 나아가게 된다. 이번에는 10년이 걸린다. 이제 행성들이 태양 주위를 어떤 궤도로, 어떤 속도로 도는지는 알아냈다. 보통 사람이라면 이쯤에서 멈춘다. 그러나 피타고라스의 제자 케플러는 이 우주에 더 큰 수학의 신비가 숨어 있다고 확신했다. 태양과 행성들 간의 거리와 속력 간에는 어떤 연관이 있을까? 처음엔 바보스러운 궁리만 했다. 하지만 마침내 황홀하게 간결한, 그리고 고도로 추상적인 진리를 다시 한 번 깨닫는다. 세 번째 법칙이 탄생한 것이다.

3. 행성이 태양의 둘레를 한 번 공전하는 데 걸리는 시간의 제곱은 태양과의 평균 거리의 세제곱에 비례한다.

케플러가 그렇게도 사랑했던 신비의 법칙이 탄생한 것이다. 이 세 법칙은 그저 아름답기만 한 것이 아니다. 오늘날의 인공위성은 이 법칙 덕분에 지구 주위를 돈다.

이제 새로운 문제가 출현한다. 지금까지 제기된 문제는 이런 것이었다. 행성은 어떻게 운동하는가? 이제 문제는 이렇게 바뀐다. 행성은 왜 코페르니쿠스와 케플러가 발견한 방식대로 운동하는가? 행성의 운동은 발견되었다. 이제 설명되어야 한다. 케플러가 그의 법칙을 발표하자 이제 운동의 이유를 밝히는 일이 긴박해졌다. 4번 타자 뉴턴이 나설 차례였다.

과학혁명, 완성되다!

케플러는 자신이 밝혀낸 운동을 해명하고자 노력했다. 그래서 그는 태양이 행성에 미치는 일종의 중력적 영향을 제안했다. 스스로 거리 제곱의 반비례 법칙을 제안하기도 했다. 그러나 아무런 소용이 없었다. 역학의 기초가 발견되지 않는 한 행성의 운동에 대한 역학적 설명은 불가능했다.

다행히 역학 원리가 곧 도입되었다. 역학의 역사에서 갈릴레이가 이룬 천문학적 발견들보다 그가 세운 업적이 더 위대하다는 사실을 사람들은 잘 모른다.

역학 법칙은 매우 이례적인 관찰력과 통찰력을 요구했다. 특정 모멘트에 한 물체의 운동 속도를 정확히 측정하는 것은 요즘도 힘들다. 17세기 초 이것은 불가능한 일이었다. 시간을 측정하기 위해 근대적 시계와 크로노그래프의 도움을 구할 수 없었던 그 시기, 매초 낙하하는 물체의 위치를 정확히 관찰하는 것은 불가능했다. 게다가 운동은 온갖 것들의 영향을 받는다. 공기 저항이며, 마찰력이며, 표면의 불규칙성 등등. 마지막으로 뉴턴이 유율법을 고안하기 이전 운동의 변화를 계산하는 수학적 도구는 어디에도 없었다.

역학 분야에서 감히 아리스토텔레스를 논박한 이는 갈릴레이였다. 그는 실험했고 측정했다. 물체의 낙하 속도는 물체의 무게에 의존하지 않는다. 물체의 무게가 공기 저항의 효과를 무시할 수 있을 만큼 크다면 동일한 높이에서 떨어지는 물체는 같은 시간이 지난 후 지상에 동시에 도달한다. 물체의 낙하 속도는 시간에 따라 완전히 규칙적으로 증가하며, 동일하게 가속된다.

낙하 물체의 속도가 규칙적으로 증가하는 것은 물체에 대한 지구의 중력 때문이다. 그러므로 중력은 꾸준한 속도의 증가를 낳는다. 이는 새롭고 혁명적인 아이디어였다.

갈릴레이의 마음속에 또 하나의 새로운 아이디어가 움트기 시작했다. '운동'은 힘을 요구하지 않는다. 운동의 '변화'가 힘을 요구한다. 관성의 발견, 여기에 진정한 역학의 시초가 있었다. 고대인들은 힘이 없으면 운동도 없는 것으로 생각했다. 힘이 없으면 운동의 변화, 즉 가속도가 없다. 이것이 근대적 견해다.

1684년 마침내 참된 운동 법칙이 발견됨으로써 천문학의 난제가 해결될 기미를 보였다. 위대한 천재들이 문제의 해법을 찾아 나선 것이다. 사사건건 뉴턴과 대립했던 로버트 훅, 크리스토퍼 렌, 그리고 혜성에 이름을 남긴 에드먼드 핼리가 중력 법칙의 증

명을 두고 내기를 걸었다. 법칙은 알았지만 그걸 증명할 길이 막연했던 핼리가 뉴턴에게 물었다.

핼리 | 이봐 뉴턴 자네, 만약 태양에 끌리는 힘(만유인력)이 거리의 제곱에 반비례한다면 행성은 어떤 모양의 궤도를 그리면서 돌게 될까?

뉴턴 | 그거야, 타원이지.

핼리 | 자넨 그걸 어떻게 아는가?

뉴턴 | 계산해본 적이 있거든.

역사상 가장 위대한 과학책인 《프린키피아》는 이렇게 태어났다. 뉴턴은 그 증명을 핼리에게 보냈고 그것이 엄청난 것임을 직감한 핼리는 뉴턴에게 그걸 발표하라고 조른다. 1684년부터 거기 매달리기 시작한 뉴턴은 3년 만에 훨씬 더 거대한 지적 우주를 탄생시킨다. 1687년 이제 아리스토텔레스의 우주와는 완전히 작별하고 20세기 초 아인슈타인이 새로운 우주를 열기 전까지 전 세계를 지배하게 되는 지적 혁명이 완성된다.

자연과 자연법칙은 모두 어둠에 묻혀 있었다.
그때 신께서 "뉴턴이 있어라!" 하시매 모든 것이 밝아졌다.

–알렉산더 포프

진리의 바다 앞에 선 소년

우리는 잠시 휴식을 취하면서 스물세 살의 이 젊은이를 보아야 한다. 그는 순수한 천재성으로 천체의 비밀을 착안해냈다. 행성운동의 비밀을 완전히 드러낼 계산법을 밝혀냈다. 하지만 자신의 이론이 옳다고 결론내리지 않았다. 왜냐하면 계량적 탐구에서 16퍼센트나 차이가 났기 때문이다. 천재의 성취가 지적 무모함과 뒤섞이면 안 된다. 뉴턴은 발견을 떠벌리지 않았다. 그냥 묵혀두었다. 그는 신중한 완벽주의자였다.

1683년부터 1689년까지 뉴턴의 조수이자 비서였던 험프리 뉴턴의 증언에 따르면 뉴턴은 매우 온순하고 침착하며 겸손했고 좀체 화를 내지 않았다고 한다. 생각이 깊었고 용모는 온화했다. 얼굴은 늘 쾌활했으며 코가 좀 길긴 했지만 잘생긴 얼굴이었다.

> "그는 아주 조금 먹었지요. 아니 먹는 것까지 자주 잊어버리곤 했지요. 방은 엉망이었어요. 밤 두세 시 전에는 잠들지 않았고요. 식사할 때를 제외하곤 와인이나 맥주를 마시는 것을 본 적이 없어요. 그는 좀체 홀의 식당에 가지 않았어요. 정원에 아주 호기심이 많았지요. 뜰에 잡초가 나는 것을 참지 못했어요."

이 정원은 도로와 학교 사이에 있는 공간이었다. 이곳에 그의 화학 실험실이 있었다. 이 실험실에서 그는 하도 걸어 다녀서 아리스토텔레스의 소요학파들처럼 아테네에서 공부하고 있나 하는 생각이 들 정도였다.

뉴턴은 일생 동안 수많은 논쟁에 휘말릴 때마다 격분하기 일쑤였고 괴팍한 면도 많았다. 하지만 자신이 이룬 것에 대해선 겸손했다.

"제가 다른 사람보다 좀 더 멀리 볼 수 있었던 것은 거인들의 어깨 위에 올라서 있었기 때문입니다."

사실이다. 코페르니쿠스에게서 태양을 가져왔고, 케플러에게서 제3법칙을 가져왔고, 갈릴레이에게서 역학을 가져왔고, 데카르트에게서 관성을 가져왔다. 하지만 우리는 그가 그저 남의 것을 모으는 데 그친 사람이 아니었음을 안다. 그는 물리학 전체에 질서를 부여한 유일한 사람, '신의 두뇌를 가진 사람'이었다.

그렇다면 뉴턴의 진짜 천재성은 무엇일까? "제가 남들과 특별히 다른 점이 있다면 그것은 의문이 생긴 문제에 몰두하여 그 문제가 완전히 풀릴 때까지 생각해내는 능력, 그것일 겁니다." 인간은 유한하고 세계는 무한히 복잡하다. 뉴턴은 고백한다.

"저는 제 앞에 펼쳐진 저 거대한 미지의 바닷가에서 예쁜 조약돌이나 조개껍데기를 주우며 좋아하는 소년일 뿐입니다."

우주라는 바다에 살았던 한 천재의 이야기다.

고전 읽기

《프린키피아(Principia)》

1687년에 출간한 과학서로 원제는 '자연철학의 수학적 원리(Philosophiae Naturalis Principia Mathematica)'이며 '만유인력의 원리'를 세상에 알린 뉴턴 역학의 결정체다.
총 3권으로 구성된 이 저작에서 뉴턴은 고전 역학의 바탕을 이루는 뉴턴의 운동 법칙과 만유인력의 법칙을 기술하고 있다. 제1편은 운동에 관한 일반적 명제를 논술했고, 제2편은 매질 속에서 물체의 운동을 다루었으며, 제3편에선 코페르니쿠스의 태양중심이론과 케플러의 법칙 등 행성의 운동을 증명했다. 또한 근대 역학의 핵심인 관성의 법칙, 작용·반작용의 법칙, 가속도의 법칙 등을 제시하기도 했다.
《프린키피아》는 과학혁명을 완수한 뉴턴에게 '근대과학의 아버지'라는 명예를 안겨주었다. 더불어 이 저작에서 주장한 '자연은 일정한 법칙에 따라 운동하는 복잡하고 거대한 기계'라는 그의 역학적 우주관은 18세기 계몽사상에 지대한 영향을 끼쳤다.

Chapter 10

공자,
남녀상열지사를 편집하다

《시경》
詩經

치국평천하의 원대한 포부를 품고 14년간 천하를 주유했지만 결국에는 뜻을 이루지 못하고 상갓집 개의 신세가 되어 고향으로 돌아온 공자. 이순(耳順)의 나이를 넘긴 그는 저잣거리에 떠돌던 민요 모음집인 《시경》을 정리한다.

평범한 사람들이 부르던 통속적인 노래 가사에 무슨 대단한 진리가 담겼기에 공자는 《시경》을 모르는 사람은 세상사를 모르는 사람이라고 말했던 것일까? 결국 지금껏 인류의 역사를 이어온 힘은 성현들의 고매한 말씀에 있었던 것이 아니라 청춘 남녀의 원초적인 사랑에 있었음을 깨닫기라도 했던 것일까?

호메로스의 《일리아스》가 그리스인들이 인류에게 남긴 최고(最古)의 문헌이라면 《시경》은 중국인들이 남긴 최고(最古)의 문헌이다. 기원전 750년경 구전되어 내려오던 시들이 호메로스의 손에서 집대성된 서사시가 《일리아스》라면 《시경》은 기원전 1100년경부터 기원전 600년경까지 불리던 옛사람들의 노랫말들을 채록한 책이다. 천하를 주유하다 뜻을 이루지 못한 공자가 나이 68세에 고향에 돌아와 편집했다고 한다.

사람이 《시경》의 〈주남(周南)〉과 〈소남(召南)〉을 읽지 않으면, 그는 마치 벽을 마주 보고 서 있는 것과 같다.

공자는 《시경》을 모르는 사람은 세상사를 모르는 사람이라고 잘라 말했다. 심지어 "시를 배우지 않으면 말할 무엇이 없다"고까지 단언했다.

《조선왕조실록》에는 태종과 세종이 《시경》의 구절을 암송하면서 부자간의 대화를 나누는 기사가 나온다. 태종 16년 2월 9일의 기사다.

"비가 오면 길 떠난 사람의 노고를 생각한다"며 임금이 말하니, 충

녕대군이 말하였다. "《시경》에 이르기를, '황새가 언덕에서 우니, 부인이 집에서 탄식한다'고 하였습니다."

태종은 《시경》을 인용하는 아들의 총명에 무척 기뻐했다고 《실록》은 전한다. 세종이 읊은 시는 〈소아(小雅)〉 편의 〈학명(鶴鳴)〉에 보인다. 아버지가 《주역》의 글귀를 읊으니 아들이 《시경》으로 응대한다. 격조 높은 부자지간이었다.

《시경》은 곡조 없는 가사집이다. 곡조가 사라진 노래집이기에 3000년의 세월이 지난 오늘의 우리가 《시경》을 읽을 때 무엇보다 요청되는 것은 음악적 상상력이다. 보자. "엄마가 섬 그늘에 굴 따러 가면"으로 이어지는 동요를 대하면 먼저 곡조가 떠오른다. 어느 가난한 어촌, 외로이 사는 아이의 애잔한 정서는 곡조에서 나온다. "엄마야, 누나야, 강변 살자. 뜰에는 반짝이는 금모래 빛"도 마찬가지다. 가사도 서정적이지만 우리의 가슴을 아리게 하는 것은 역시 곡조다. 《시경》의 글귀에 얽매이지 말고 민중의 입에서 입으로 전해진 원래의 노랫말, 원래의 곡조를 상상할 필요가 있다.

공자는 순 임금이 만든 음악 '소(韶)'를 듣고서 넋을 잃었다고 한다. 천하를 주유하다가 제나라에 이르러 순 임금의 '소' 음악을 듣고는 "도대체 음악이 이런 경지에까지 이를 수 있단 말인가?" 하고 찬탄하며 이내 그 음악에 빠져들어 석 달 동안이나 고기 맛을 잊었다. 그런데 '소'의 가사도 악보도 우리에겐 없다. 음악 '소'와 공자 사이에 오고 간 예술적 감동의 실체는 무엇이었을까?

즐겁지만 음탕하지 않다

예나 지금이나 사랑에는 부끄러움이 뒤따르나 보다. 《시경》에 등장하는 청춘 남녀는 자신들의 사랑을 밝히길 수줍어한다. 사랑은 다치기 쉬워 비밀스러운 것인가? 사랑은 비밀의 단지에 담아야 익는 것인가? 3000년 전 동아시아 청춘 남여의 상열지사(相悅之事)를 《시경》은 이렇게 읊는다.

얌전한 아가씨
성 모퉁이에서 기다리기로 했지
보고 싶으나 만나지 못하여
머리 긁적이며 서성거리네

– 〈얌전한 아가씨(정녀靜女)〉

아가씨로부터 만남의 약속을 얻어내기까지 몇 개월이 걸렸을까? 여러 날을 손꼽아 기다렸을 것이다. 둘만의 비밀이 보장되는 호젓한 곳을 선택할걸. 사람들이 보잖아. 사내는 선뜻 나서지 못한다. 사랑의 손길을 부끄러워하는 이 마음은 확실히 동양적이다. 예나 지금이나 사랑하는 이에게 마음의 정표를 선물하고 싶은 것은 인지상정인가 보다.

예쁜 아가씨가 내게 붉은 피리 선사했지
붉은 피리 고우니 아가씨가 더욱 예뻐

―〈얌전한 아가씨〉

〈얌전한 아가씨〉에서는 아가씨가 사내에게 선물을 했지만 다음 시에선 사내가 아가씨에게 선물을 한다. 사내는 사냥한 노루 고기를 임에게 바친다.

숲속 나무 베고
들판에서 사슴 잡아
흰 띠풀로 싸주었네.
아가씨는 옥구슬처럼 예뻤네.

사내는 여인의 마음을 안고 싶었을 것이다. 그래서 노루 고기를 선물한 것이다. 아가씨도 사내의 품에 안기고 싶었나 보다. 하지만 조심스럽다. 이어지는 대목이 귀엽다.

가만가만 천천히,
치마는 건드리지 마세요.
삽살개가 짖잖아요!

―〈들판에서 잡은 노루(야유사균野有死麕)〉

삽살개가 짖으면 어쩌려고 그러세요? 사내의 손길을 뿌리치는 아가씨의 모습이 예쁘다. 《시경》 중에도 〈정풍〉의 시들은 음탕한 연애시라고들 하는데, 오늘의 우리가 보면 뭐가 음탕한 것인지 모르겠다. 오히려 옛사람들의 소박한 마음이 더 잘 다가오는 시들이다.

도련님, 우리 마을에 넘어 들어와
우리 집 산버들 꺾지 마세요.
어찌 나무가 아깝겠어요?
저의 부모님이 두려워서요.
도련님도 그립기는 하지만
부모님의 말씀이 두려워요.

도련님, 우리 집 담을 넘어와
우리 집 뽕나무 꺾지 마세요.
어찌 나무가 아깝겠어요?
저의 손윗분들이 두려워서요.
도련님도 그립기는 하지만
손윗분들의 말씀이 두려워요.

도련님, 우리 집 뜰로 넘어와
우리 집 박달나무 꺾지 마세요.
어찌 나무가 아깝겠어요?

남의 말이 두려워서요.
도련님도 그립기는 하지만
남의 말이 두려워요.

—〈둘째 도령(장중자將仲子)〉

도련님을 부르는 옛 여인의 목소리는 영락없는 서정주의 〈춘향유문〉이다. 옛사람들의 사랑은 은근했으나 마음마저 은근한 것은 아니었다. 은근하면서도 강렬했다. 《시경》은 불같은 여인의 사랑을 대담하게 전한다.

당신이 진정 나를 사랑한다면
치마 걷고 진수라도 건너가리라.
당신이 나를 사랑하지 않는다면
세상에 남자가 그대뿐이랴.
바보 같은 사나이, 멍청이 같은 사나이.

당신이 진정 나를 사랑한다면
치마 걷고 유수라도 건너가리라.
당신이 나를 사랑하지 않는다면
어찌 사내가 그대뿐이랴.
바보 같은 사나이, 멍청이 같은 사나이.

—〈치마를 걷고(건상褰裳)〉

당신이 나를 사랑한다면 진수라도, 유수라도 치마를 걷고 건너겠다는 여인의 열정이 아름답다. 그런데도 여인의 진심을 몰라주는 남정네, 네가 머시매냐고 투정하는 여인의 입술이 예쁘다. 《시경》은 연애 문학이다. 역시 《시경》이 자랑하는 시의 백미는 〈관저(關雎)〉다. 이번에는 한문과 더불어 감상해보자. 우리말로 시의 운율을 살리는 일이 쉽지 않다.

구욱구욱 물수리(關關雎鳩)
강에서 울고요(在河之洲)
아리따운 아가씨는(窈窕淑女)
군자의 좋은 짝이지요(君子好逑)

저구(雎鳩)는 물수리이고, 관관(關關)은 물수리의 울음소리다. 구욱구욱 울었을까, 까욱까욱 울었을까? 하(河)는 황하를 말하고, 재하지주(在河之洲)는 강 가운데 섬을 말한다. 한강의 뚝섬 같은 것이다. 요조숙녀(窈窕淑女)는 정갈하고 아름다운 아가씨다. 주문왕의 비 태사(太姒)의 처녀 시절 모습이라 한다. 지금도 아버지들은 딸아이가 요조숙녀로 커주길 희망한다. '숙명여대'라는 이름 속에 《시경》이 들어 있고, '영숙이'와 '경숙이'처럼 여자 친구들의 이름 속에도 《시경》이 있다. 〈관저〉의 군자를 주문왕이라 해석하나 우리는 그냥 아가씨를 그리워하는 젊은 사내라 읽고 싶다.

들쭉날쭉 물마름(參差荇菜)

이리저리 찾고요(左右流之)
아리따운 아가씨(窈窕淑女)
자나 깨나 보고파요(悟寐求之)

참치(參差)는 가지런하지 못하고 들쭉날쭉한 모습을 말하고 행채(荇菜)는 물속에서 자라는 마름이란다. 좌우유지(左右流之)는 물속에서 이리저리 마름을 찾는 모습이다. 어렵다. 1연에서 임을 그리는 사내의 연정을 물수리의 울음에 비유했다면 2연에서는 임을 찾는 사내의 연모를 물속에서 마름 찾는 일에 비유했다. 우리는 지금도 '자나 깨나 잊지 못함'을 '오매불망(悟寐不忘)'이라 표현한다. '깰 오(悟)' 자와 '잘 매(寐)' 자를 합해 '자나 깨나' 오매라는 숙어가 된 것이다. '오매불망'의 어원은 《시경》이었다.

보고 싶어도 보지 못해(求之不得)
그리워서 잠 못 드네(悟寐思服)
길고도 기나긴 밤(悠哉悠哉)
전전반측하노라(輾轉反側)

생각과 고민이 많아 잠을 이루지 못하거나, 잠을 이루지 못해 뒤척임을 되풀이하는 것을 '전전반측(輾轉反側)'이라 한다. 전(輾)은 '반쯤 돌아 몸을 모로 세우는 것'이고, 전(轉)은 '뒹군다'는 뜻이다. 반(反)은 '뒤집는다'는 뜻이고 측(側)은 '옆으로 세운다'는 뜻이다. 전전반측은 아름다운 여인을 그리워해 잠을 이루지 못하는 것을 표현한 사자성어다. 이후 3000년 동안 사내들은 가슴에 여인을 품고 전전반측했다.

즐겁지만 음탕하지 않고 슬프지만 감상적이지 않다(樂而不淫, 哀而不傷).

공자의 이 유명한 시론(詩論)은 바로 〈관저〉에 관한 평이다. 낙이불음(樂而不淫), 즐겁지만 음탕하지 않다. 《시경》의 사랑은 호메로스의 영웅들이 보여준 사랑만큼 뜨겁지 않다. 애이불상(哀而不傷), 애절하지만 감상적이지 않다. 절절한 연정을 드러내지만 절제되어 있다. 플라톤이 공자를 만났더라면, 둘이서 밤새 의기투합하여 호메로스를 씹었을 것이다. 글이 너무 섹시하다고.

"여보! 그렇게 심한 욕설로 내 마음을 괴롭히지 마시오. 이번에는 메넬라오스가 아테나의 도움으로 나를 이겼지만 다음에는 내가 그를 이길 것이오. 우리 편에도 신들이 계시니까. 그러니 자, 우리 잠자리에 누워 사랑이나 즐깁시다. 일찍이 이렇듯 욕망이 내 마음을 사로잡은 적은 없었소. 내가 처음 그대를 빼앗아 사랑을 나누고 잠자리를 같이했을 때에도 이렇지는 않았소. 그만큼 달콤한 욕망이 나를 사로잡는구려."

— 《일리아스》 제3권 〈맹약〉 편 중에서

플라톤이 공자에게 그쪽 동네 사람들은 어떻게 사랑을 노래했나 물으니 대뜸 공자는 〈닭이 우네요〉를 들려준다.

닭이 우네요, 아내가 말하니 아직 어두운데, 남편이 말한다.
일어나 밖을 보세요 샛별이 반짝이고 있어요, 아내가 말하니
돌아다니며 오리 기러기 주살이나 놓을까, 남편이 말한다.

주살 놓아 잡아오면 당신께 안주 올리지요.
안주 들며 술 마시며 당신과 함께 늙어가게요.
거문고 비파 틀면 고운 소리 나지 않겠어요.

— 〈닭이 우네요(여왈계명女曰雞鳴)〉

〈닭이 우네요〉를 들으면, 낙이불음의 뜻을 알 것 같다. 즐겁지만 음탕하지 않다.

거짓 없는 옛사람의 마음

"시 300편을 한마디로 말하자면 생각함이 순결하다(詩三百 一

言以蔽之曰 思無邪)"라고 공자는 《시경》을 모아 평했다. '사무사(思無邪)'는 거짓 없는 마음, 순결한 마음일 것이다.

지금까지 인류의 역사를 떠받쳐온 힘은 성현들의 고매한 말씀에 있었던 것이 아니라 청춘 남녀가 서로 만나 이루는 사랑에 있었다. 사랑이 있는 한 인간의 역사는 계속된다. 사랑이 곧 삶이고 사랑에서 역사가 이뤄진다. 그런데 사랑엔 만남의 황홀함이 있는가 하면 이별의 아픔도 있다.

퇴계 이황과 플라토닉 러브를 주고받은 여인이 있었다. 기생 두향이다. 단양 군수로 내려온 퇴계의 쓸쓸한 마음을 두향은 잘 느꼈나 보다. 저만치 앉아서 둘은 시를 주고받았다. 그 유명한 시 〈모과(木瓜)〉다.

나에게 모과를 주시니 아름다운 구슬로 보답하지요.
보답이 아니고요. 오래도록 좋아하고 싶어서요.

물론 퇴계와 두향은 《시경》의 한시로 마음을 주고받았을 것이다. 퇴계가 '투아이목과(投我以木瓜)'를 읊으니 두향은 '보지이경거(報之以瓊琚)'로 응대했을 것이고, 퇴계와 두향은 함께 '영이위호야(永以爲好也)'를 합창했을 것이다. 퇴계가 단양 군수를 그만두면서 두향은 퇴계를 떠나보낸다. 이때 두향은 백매(白梅)와 홍매(紅梅)를 선물로 주었다고 한다. 오래도록 그리워하며 살겠다는 두향의 마음을 퇴계는 잊지 않았으리라.

이름도 모르는 한 남자가 베를 갖고 실을 사러 왔었지.

실을 사러 온 게 아니라 내게 수작을 걸려고 온 것이었어.
결국 기수(淇水)를 건너 돈구(頓丘)까지 바래다주었지.

-〈한 남자(맹氓)〉

옛사람들의 사랑을 탐구하다 보면 옛사람들의 삶이 보인다. 그들에게 베는 교환수단, 즉 화폐였다. 베나 곡식과 같은 현물이 교환수단으로 사용되었던 것은 먼 옛날의 일만은 아니다. 나는 어려서 어머니가 방물장수에게서 화장품을 사고 돈 대신 보리쌀을 주는 걸 본 적이 있다. 〈한 남자〉에서 남자가 여인이 사는 마을로 온다. 실을 사러 온 줄 알았는데, 알고 보니 구혼을 위한 사랑의 포석이었다. 아가씨는 남정네에게 마음도 주고 몸도 주었다. 기수의 강물을 건너, 돈구까지 따라나섰다. 그때 따라나서지 말았어야 했는데…….

뽕잎이 떨어지기 전엔 잎사귀도 싱싱한 법이라오.
비둘기야! 제발 오디는 따먹되 취하지는 말아요.
여자들아! 남자를 만나되 빠지지는 마세요!
남자가 빠지는 것은 할 말이 있지만
여자가 빠지는 것은 말할 수 없는 거라오.

-〈한 남자〉

뽕잎이 시에 등장한다는 것은 3000년 전에도 누에를 키우고 비단을 짰다는 이야기다. 오디는 뽕나무의 열매다. 오디를 먹는 것은 괜찮으나 오디를 먹고 취하지는 말아야 한다. 남자에 빠져 몸을 허락한 여인이 누구에게 하소연할 것인가? "남자가 빠지는 것은 할 말이 있지만 여자가 빠지는 것은 말할 수 없는 거라오"라는 구절에서 가부장제의 시대상을 엿볼 수 있다. 다음으로 여인에게 기다리는 것은 고된 시집살이다.

뽕잎 떨어지니 누렇게 시들었지요.
먹지도 못하고 3년을 굶주렸소.
기수의 물은 넘실댔고 수레를 적시며 건넜지.
여자로서 아무 잘못을 하지 않았는데 그대는 달라졌어.
남자란 믿을 수 없는 것인가, 내 마음 흔들려.

–〈한 남자〉

기수의 강물을 넘어 시집가던 때가 엊그제 같은데, 뽕잎이 떨어지고 나면 금방 시들듯, 결혼을 하고 새색시의 피부가 거칠어지면 아무런 잘못을 하지 않았는데도 남편은 바람을 피운다. 먹지도 못하고 굶주린 시집살이 3년.

만리장성의 눈물

오늘날 중국인들은 만리장성을 중국 문명의 상징이라 자랑한다. 만리장성은 중국 문명의 상징도 아니요, 자랑거리는 더더욱 아니다. 고대 중국인에게 만리장성은 삶의 끝이요, 죽음의 서곡이었다. 장성은 농경의 터전을 지키는 방어벽임과 동시에 더 이상 북상할 가치가 없는 땅의 북방 한계선이기도 했다. 삶과 죽음의 경계선이기에 이곳은 사형수들이 죽음을 면하는 대신 얻은 목숨을 연명하는 곳이었다. 성을 쌓기 위한 벽돌 노역장은 사형수들을 유치하는 형무소요, 사역장이었다. 장성은 이민족에게는 군사용 방벽이었지만 자민족에게는 끔찍한 강제노동 수용소였던 것이다. 만리장성은 여인들에겐 이별의 아픔을 강제한 통곡의 벽이었다.

오늘 우리가 중국에서 관광하는 만리장성은 일반인들의 상식과 달리 17세기 명나라 때 완성된 성벽이다. 물론 배운 대로 진시황의 명을 받은 몽염(蒙恬) 장군이 대규모 장성 축조 사업을 일으킨 것은 사실이다. 또 무리한 장성 건설로 진시황의 제국이 급속히 몰락한 것도 부인할 수 없는 역사적 사실이다. 분명한 것은 현재의 만리장성이 진시황에 의해 완공된 것이 아니라는 사실이다. 진시황 이전부터 진시황 이후까지 여러 왕조에 의해 장성은 줄기차게 축조되어왔다. 아득히 먼 옛날부터 성곽 사업은 인민을 괴롭혀온 수탈의 상징이었다.

주나라는 변방의 오랑캐들과 끊임없이 전쟁을 벌였다. 그럼에도 중국의 왕과 군대는 북방인들을 패퇴시킬 수 없었다. 또 타협하거나 협상할 수도 없었다. 그리하여 9세기경 중국은 성벽을 건설하는 쪽으로 정책의 방향을 바꾸었다. 《시경》은 전한다.

천자가 내게 명하사
저 삭방에 성벽을 쌓으라고 하셨네.
위엄 있는 남중이여
험윤족을 제거하시도다.

– 〈출거(出車)〉

그리스의 여인들이 전쟁에 나간 남편을 그리워하며 살았다면 중국의 여인들은 장성 축조에 동원된 남편을 그리워하며 살았다. 《시경》에는 남편을 부역으로 보내고 홀로 남은 여인들의 그리움이 이곳저곳에 묻어난다.

우리 임은 부역에 나가 돌아올 날 속절없네.
언제나 오시려나?
닭은 홰에 오르고
해 저물자 소와 양도 돌
아오는데
부역에 나간 우리 임이여!
그 어이 그립지 않으리!

– 〈부역하러 나가신 임(군자우역君子于役)〉

옛사람들의 삶과 노래

《시경》 속의 민중은 농업적 삶을 살았던 것 같다. 만일 목축적 삶을 살았더라면 양 떼와 소 떼가 자주 출현할 텐데, 아니다. 이름 모를 풀과 나무가 줄을 잇는다. 노랑어리연꽃(행채荇菜), 칡덩굴(갈담葛覃), 도꼬마리(권이卷耳), 질경이(부이芣苢), 팥배나무(감당甘棠), 산매자(당체唐棣), 다북쑥(번蘩), 개구리밥(빈蘋)……. 현대인은 잊고 사는 식물이다.

《시경》은 고대인에게 초등학교의 국어책이었고, 도덕책이었으며, 자연책이었다. 그래서다. 공자는 《시경》의 효용을 이렇게 정리했다.

> "제자들아, 어찌하여 시를 열심히 배우지 않는가? 시를 공부하면 마음의 흥을 일으킬 수 있고 사물을 관찰하는 눈을 키울 수 있다. 또 벗들과 대화를 나눌 수 있고 세상의 불의를 표현할 수 있다. 가까이는 부모를 모시는 법, 멀리는 임금을 모시는 법을 알 수 있으며 새와 짐승, 풀과 나무의 이름을 알게 된다."

아무래도 농경은 인간을 식물과 친근하게 만드는 것 같다. 고대인의 삶을 아주 잘 보여주는 시 한 편을 감상하자. 노동요 〈칠월(七月)〉이다.

> 6월엔 머루랑 아가위 먹고 7월엔 아욱과 콩을 삶네.
> 8월엔 대추를 따고 10월엔 벼를 베어
> 봄 술 빚어 노인들께 드리세.

7월엔 참외 먹고 8월엔 박을 타네.
9월엔 삼씨 줍고 씀바귀 캐고 개똥나무 베어
우리 농부들 잘 먹이세.

9월엔 마당 닦고 10월엔 곡식 거두어들이네.
메기장과 찰기장, 벼와 삼, 콩과 보리.
아, 좋구나. 농부들아, 들판일이 끝났다.
마을로 들어가 집안일 하세.
낮에는 띠풀 베고 저녁에는 새끼 꼬아
지붕 이엉 마치니 내년 봄 파종 준비는 이것으로 끝이네.

제사는 축제였다.

풍년은 농부들에게 마음의 풍요를 가져다주고, 마음이 넉넉한 농부들은 감사의 마음을 표하고 싶었을 것이다. 1년 농사로 얻은 곡식으로 술을 빚고 조상님께 제를 올리는 것이다. 시, 〈찔레(초자楚茨)〉를 보자.

예로부터 조상들은 어떻게 살았나?
메기장 심고 차기장 심었지.
메기장 우거지고 차기장 우거지면 곳간 넘치고 곡식이 산더미네.
술과 안주 장만하고 제물 차려 제사하고 신주 모시고 음식을 올리면서
큰 복 주시길 손 모아 비네.

사람들 부지런히 오가며 정결하게 소와 양 잡아 제사 올린다.
과일 깎고 어 고기 삶고 제물 차리고 제물 정돈한다.
제주는 사당에 있으니 만사가 구비되었네.
오소서, 조상의 혼령들이여! 흠향하소서!
효성스러운 자손들에게 복을 내리소서.

— 〈찔레〉

조상님들이 흠향하고 남은 음식을 어이할까? 역시 제사의 본질은 만남에 있다. 자손들이 조상을 만나는 그 자리는 형과 동생, 사촌 형제들이 다 모이는 자리다. 모였으니 마셔야지.

오늘 우리가 마시는 술은 술이 아니다. 돈 몇 푼 주고 사먹는 값싼 화학주는 술이 아니라 독이다. 조상들이 마신 술은 노동의 성과를 응축하여 변환시킨, 세상에서 목 넘김이 가장 부드러운 음식의 정수였다. 그런데 술을 마시다 보면 사람이 술을 마시는지, 술이 사람을 마시는지 구분하기 힘든 때가 있다. 3000년 전 조상들도 그랬나 보다. 《시경》은 살아 있는 민속 박물관이다.

손님 오고 잔치 여니 좌우 모두 질서 있네.
음식 많고 고기 갈비 즐비하네.
술은 잘 빚어졌고 즐겁게 술 마시네.
춤추는 무희는 생황과 북에 맞추고 모든 악기 즐겁게 협주하니
이 모든 것은 조상들을 위한 것.

모든 것이 예에 어울리네.
취하지 않았을 적엔 엄숙하고 예의를 차리더니
취하고 나면 예의가 어디 있나.
이리저리 자리 옮기며 덩실덩실 춤을 추네.
술이 과한 손님들 소리 치고 떠들고 음식 그릇 엎고 비틀거리며 몸을 흔드네.
이래서 술 취하면 개가 된다 하였나.
관 비틀어 쓰고 비틀거리며 춤추네.

–〈손님 잔치(빈지초연賓之初筵)〉

《논어》에 흩어져 있는 공자의 언급을 모아보면 공자는 《시경》을 국어 교과서로 보았던 것 같다. 그런데 송나라의 주희는 《시경》을 도덕 교과서로 읽었다. 주희는 시를 읽으면 '마음이 온유해지고 돈후해진다(溫柔敦厚)'고 했다. 그러니까 주희에 의하면 《시경》의 노랫말은 모두 선행을 칭송하고, 악행을 규탄하는 권선징악의 이야기라는 것이다.

그 주희를 넘어서려는 젊은이가 있었다. 사문난적(斯文亂賊)! 주희의 설에 대해 조금이라도 다른 이견을 제시하면 사문난적으로 낙인찍혔던 조선시대에 감히 주희를 넘어서려는 젊은이가 있었다. 그렇다, 주희를 넘어서서 공자를 자신의 눈으로 보고 자신의 머리로 생각했던 선비가 있었다. 정약용이다. 정조는 《시경》을 읽으면서 품었던 의문점 800여 조목을 다산에게 넘겨주었다. 답안을 작성하여 제출하라! 하명을 내렸다. 그 임금의 그 신하였던가. 1791년 다산의 나이 서른 살 때의 일이었다.

주희가 《시집전(詩集傳)》을 썼다면 정약용은 《시경강의(詩經講義)》를 썼다. 중국과 조선의 두 학자는 이렇게 《시경》을 놓고 불꽃 튀기는 논전을 벌인 것이다. 《시경》을 도덕 교과서로 읽었던 주희와 달리 다산은 《시경》을 사회 비판서로 보았다. 사람의 마음을 온유하게 하고 돈후하게 하는 도덕 교과서의 관점으로만 보는 것은 《시경》에 대한 일면적 해석이다. 《시경》의 시들은 주희의 온유돈후에 그치지 않는다. 《시경》은 정치 사회의 불의를 고발하고 규탄하는 풍자의 노래집이기도 하다. 주희는 온유돈후를 제시했는데, 다산은 온유격절(溫柔激切)을 제시한다. 마음을 온유하게 하는 글이자 불의를 향한 격렬한 고발서란다.

《시경》의 〈국풍(國風)〉의 시들만 읽을 경우 주희에게 한 표를 줄 수도 있다. 그러나 〈국풍〉 다음에 나오는 〈소아〉의 시들을 읽으면 다산에게 한 표를 줄 것이다. 다산은 민중의 고통스러운 삶을 시로 대변했다. 〈적성촌〉, 〈애절양〉이 그 대표작이다. 다산은 늘 아들들에게 민중의 삶을 노래해야 한다고 강조했다. 그에게 시의 전범은 시성 두보(杜甫)였다. 그런데 두보 시의 전범이 바로 《시경》이었다. 〈소아〉에서 몇 편만 간추려 읽자.

곰바우처럼 일을 열심히 하는 사람이 있는가 하면 뒹굴뒹굴 놀기만 하면서 말만 번지르르한 뺀질이가 그때도 있었나 보다. 이런 뺀질이들이 곰바우들을 모함하여 난처한 지경에 빠뜨린다. 그런데 《시경》은 이런 자들을 쉬파리라 노래한다.

윙윙 쉬파리 날다 울타리 앉았네.
어이타 군자는 모함하는 말 믿는가?
윙윙 쉬파리 대추나무에 앉았네.
모함하는 자들이여, 온 나라를 어지럽히네.

- 〈쉬파리(청승 青蠅)〉

역시 사회 비판의 백미는 〈절남산(節南山)〉이다. 일부만 옮긴다.

태사여, 윤씨여!
세상이 평등하지 않으니 어쩌자는 건가.
하늘은 우환을 보내고 있고
환란은 깊어만 간다.
백성은 못 살겠다 아우성인데
어찌 뉘우치지 않는가?
누가 나라를 바로잡을까?

우리 안의 《시경》

사랑하는 임을 그리워하여 밤새 잠을 이루지 못하고 이리 뒤척, 저리 뒤척이는 '전전반측'. 고교 시절 나는 이런 단어가 있다는 사실을 알고 적잖이 놀랐다. 그 쓰고 단 심정을 이보다 더 잘 표현할 수 있을까? 그런데 이 사자성어가 《시경》의 〈관저〉에서 유래한 것을 뒤늦게 알게 되었다. 잠시 발견의 즐거움에 젖어 행복한 미소를 지었다. 언어는 실존의 절반이다. 나의 삶을 구성하는 언어의 상당수가 《시경》에서 유래한 것이라면 《시경》은 남의 노래가 아니다.

남의 잘못을 보고 나의 거울로 삼는다는 뜻의 '타산지석(他山之石)'은 우리에게 아주 친숙한 말이다. 알고 보니 이 사자성어도 《시경》에서 유래했다. 〈학명〉은 이렇게 읊는다.

> 쓸모없어 보이는 산의 돌도 옥을 가는 돌로 쓸 수 있다오(他山之石可以攻玉).

상대가 몰라볼 만큼 놀라운 성장을 했을 때 '괄목상대(刮目相對)'라고 하고, 비슷한 말로 '일취월장(日就月將)'이라는 표현을 쓰기도 한다. 〈경지(敬之)〉에는 이런 대목이 있다.

> 날로 쌓고 달로 쌓아 애쓰고 애써 밝은 지경에 이르리라.

또 일을 이루지 못하고 안간힘을 기울일 때 우리는 '전전긍긍(戰戰兢兢)'이라는 사자성어를 사용한다. 역시 《시경》에서 유래했다.

> 두렵도다, 조심하자. 깊은 못가를 걸어가듯 살얼음판을 밟고 가듯.

또 사랑에 빠진 연인들은 하루를 못 보아도 가슴이 아린다. 그리하여 하루가 3년처럼 길다. 일일여삼추(一日如三秋). 〈채갈(采葛)〉에는 이런 대목이 있다.

아가씨 쑥을 뜯네. 하루만 못 보아도 세 해인 양 그립구나.

'절차탁마'라는 사자성어가 있다. 작가는 한 편의 글을 완성하기 위해 자르고 밀고 쪼고 간다. 〈기오(淇嫩)〉는 사랑하는 임의 아름다운 자태를 묘사하기 위해 이렇게 노래한다.

빛나는 임이여, 뼈를 자르고 상아를 밀듯, 옥을 쪼고 돌을 갈듯.

나는 어디선가 '경복(景福)'의 유래 역시 《시경》에 있다고 본 적이 있다. 어렵게 찾았다. 시 〈잠(潛)〉에 '경복'이 숨어 있었다. 경복은 큰 복이다. 제사 지내며 부른 노래였다고 한다. 세상이 어지러운 이때 고통받는 민중의 경복을 마음 깊이 빌어보자.

고전 읽기

《시경(詩經)》

중국의 고대 제왕들은 지방까지 채시관(採詩官)을 파견해 민가에 떠도는 노래와 가사들을 모아 민심의 동향을 알아보고 이를 정치에 참고했다고 한다. 《시경》은 이렇게 채집된 중국 최초의 시가집이다. 본래 3000여 편이었던 것을 공자가 311편으로 간추려 정리했으나 오늘날 전하는 것은 305편뿐이다.

《시경》은 풍(風), 아(雅), 송(頌) 세 부분으로 나누어진다. 가장 많은 부분을 차지하는 풍은 국풍(國風)이라고도 불리며, 여러 제후국에서 채집된 민요로 이루어져 있다. 사랑을 노래하는 시가 대부분으로, 남녀 간의 애틋한 정과 이별의 아픔을 소박하지만 진솔한 문체로 담아냈다. 공자는 이를 두고 '문학적 표현의 정형'이라고 평하기도 했다.

세계에서 가장 오래된 시집인 《시경》은 오경(五經)의 하나로서 중국 시가문학의 정수인 동시에 동양의 문학과 사상의 뿌리를 고스란히 간직한 고전으로 칭송받는다.

그대, 아직도 떠나지 않았는가

저지르고 볼 일이다. 어쩌다 한 번 오는 여행의 기회를 일상의 일정 때문에 미루는 사람은 가련하다. 아무리 고단한 여정이었을지라도 돌이켜보면 여행은 삶을 풍요롭게 한다. 일상의 탈출이 여행의 소극적 목적이라면 새로운 인연과의 만남, 이것이 여행의 적극적 목적이다. 이 인연에는 세 가지가 있다. 첫째는 새로운 자연과의 만남이요, 둘째는 몰랐던 역사의 발견이요, 셋째는 낯선 사람의 눈빛과 마주치는 것이다.

새롭게 펼쳐지는 자연은 우리의 상상력에 아름다운 양탄자를 깔아준다. 나는 밀양의 사자평을 찾아가 어느 절벽 밑 암자에서 밤새 떨어지는 폭포 소리를 들으며 잠들었던 그날 밤의 고고한 적막을 잊지 못한다. 해남 대흥사의 산길을 넘고 북평의 들판을 가로질러 완도에서 보길도로

가는 배를 탔던 나는 그 위에서 맞이했던 낙조와 빛나는 바다를 잊을 수 없다. 한반도는 가는 곳이 다 명승지다. 울산에서 조금 밖으로 나가면 고래잡이를 하며 살았던 옛사람들의 그림이 새겨져 있는 반구대가 나온다. 바위 위의 그림도 좋았지만 그곳까지 이어지는 숲길과 울울창창(鬱鬱蒼蒼)한 낙락장송들과 소나무 저 높은 곳에 사뿐히 내려앉은 학은 비경 그 자체였다.

한반도를 떠나보자. 만저우 지린을 흐르는 강이 쑹화 강이다. 꼭 한강을 닮은 강이 만주벌 한가운데를 흐르고, 주몽이 밟고 건넜던 물고기와 자라의 후예들이 거기서 노닐고 있었다. 이제 시베리아로 가보자. 시베리아의 남쪽에 자리한 고도(古都) 이르쿠츠크, 그 한가운데를 흐르는 앙가라 강을 따라 올라가면 바이칼 호가 나온다. 바이칼 호는 빛나는 호수, 빛나는 바다였다. 호수 가운데 알혼 섬에는 톨스토이와 나타샤를 사랑하는 원주민 부랴트인이 산다. 이들은 백조의 후예다. 먼 옛날 백조들이 날아와 여인들로 변신해 바이칼에서 목욕을 했단다. 이를 본 사냥꾼 하이도리는 한 여인의 옷을 숨기고 날아가지 못한 여인은 사냥꾼과 결혼해 11명의 아이를 낳았단다.

중국 지린 성의 집안에서 나는 당혹스러운 일을 겪었다. 집안의 한가운데를 압록강이 흐르고 있음을, 압록강은 헤엄치면 바로 건널 수 있는 조그만 물줄기였음을 알고는, 이런 것도 모르고 살아온 나 자신이 너무 어처구니없게 느껴졌다. 국내성은 지안(集安)이 아니라 그냥 '집안'이었다. 몽둥이로 뒤통수를 얻어맞은 것 같았다. 지금으로부터 2000년 전 고구려 사람들은 공동체의 살림 터전을 짓고 그곳을 '우리의 집안'이라고 불렀던 것이다. 《삼국사기》를 100번 읽는 것보다 집안 구경을 한 번 하는 것이 낫다는 단재 신채호 선생의 유시는 헛말이 아니었다. 여행은, 더구나 역사를 탐구하는 여행은 1000년 전 지층에 묻힌 진실의 속살을 우리에게 보여준다.

여행길에서 자연의 아름다움에 취하고 역사의 비밀에 매혹되는 것도 좋지만 나는 사람들의 눈빛에서 깨달음의 즐거움을 누린다. 낯선 이들의 눈빛에서 배어나오는 인생살이의 다양함, 눈빛이 내뿜는 삶의 구체적 총체성을 음미하는 것이다.

내가 중국 산시 성에 위치한 창즈 시에 갔던 것은 타이항 산(太行山)을 보기 위해서였다. 타이항 산은 1940년대 우리 독립군이 일본군과 용맹하게 싸운 전쟁터로, 많은 선배들이 그곳에서 유명을 달리했다. 타이항 산 깊이 위치한 무기 공장, 황애동(黃崖洞)의 절경도 절경이었지만 그날 밤 창즈 대학의 리 교수 일행과 나눈 대화는 책에서 얻을 수 없는 소중한 체험이었다.

그들은 한국의 휴대전화를 칭찬했다. 그들은 한국의 드라마를 칭찬하면서 한국 드라마 때문에 밤잠을 설친다고 투덜댔다. 그들은 한국의 경제 발전과 민주화를 부러워했다. 아울러 그들은 산시 성의 젊은이들이 고대로부터 용맹을 떨쳐왔다며 고향 자랑을 늘어놓았다.

나는 부탁했다. "나는 마오쩌둥의 호방함을 흠모했고 덩샤오핑의 슬기로움을 옹호한 한국의 사회주의자입니다. 중국의 팔로군과 조선의 독립군은 서로 손을 잡고 항일전쟁에 나섰습니다. 고국을 떠나 이곳 타이항 산에서 유명을 달리한 조선의 젊은이들을 잊지 말아주시오."

더불어 이런 부탁도 했다. "우리는 서구의 과학 기술 문명을 받아들여 잘살게 되었지요. 하지만 한국인들의 마음은 불안합니다. 지금이야말로 동양의 현자들이 물려준 지혜를 배워야 할 때입니다."

리 교수는 어머니가 살고 있는 농촌의 궁벽한 집을 있는 그대로 보여주었다. 가보니 시골집엔 아무것도 없었다. 중풍으로 쓰러진 아버지는 낡은 소형 텔레비전을 보고 있었다. 리 교수는 나의 견해에 동의하지 않았다. "중국은 과학이 발전하지 못해 고통당해왔습니다. 공자와 노자엔 과학이 없어요." 나는 입을 다물었다. 40년 전, 리 교수의 시골집보다 더 궁핍한 초가에서 끼니를 굶고 살아야 했던 나의 유년 시절이 떠올랐다.

만남의 백미는 독서다. 어떤 이는 책에서 즐거움을 얻어가고, 어떤 이는 실용을 얻어가며, 어떤 이는 삶의 지혜를 발견한다고 한다. 하지만 나에게 책은 현자와 만나는 마당이다. 책을 통해 나는 이사벨라 버드 비숍 여사를 만나기도 하고, 헬레나 노르베리호지를 만나기도 하며, 호메로스를 만나기도 한다.

책이란 희한한 물건이다. 사람의 뇌에서 이상한 전류가 흘러, 그 전류가 사람의 손끝에서 글자로 바뀌고, 글자들이 모여 인간의 감정과 사상을 담아낸다. 책이란 정신의 물질화다. 알라딘이 양탄자를 타고 하늘을 날듯, 우리는 책이라는 독특한 물건을 타고 과거 속으로 들어가는 시간 여행을 즐긴다. 그랜드캐니언이 지구의 역사를 한 몸으로 보여주는 절벽이라면 책은 인간의 역사를 드러내는 그랜드캐니언이다. 도스토옙스키의 떨리는 영혼을 만나고 싶으면 《카라마조프가의 형제》를 집으면 되고, 소크라테스의 고집불통 인격을 만나고 싶으면 《변명》을 고르면 된다. 3000년 전 고대인의 사랑과 진실을 알고 싶으면 호메로스의 《일리아스》를 읽으면 된다.

백문이 불여일견(百聞不如一見)이라고 배웠다. 여행은 자주 떠날 일이다. 하지만 100번의 여행이 한 번의 독서만 못한 경우도 있음을 나는 최근 깨달았다. 그래서 백견이 불여일독(百見不如一讀)이라고 힘주어 말하고 싶다. 독일의 고고학자 슐리만이 발굴한 트로이 성터도 의미 있는 관광지였지만 아킬레우스가 아가멤논을 향해 포효하는 분노의 고함 소리, 헥토르의 아내 안드로마케가 남편을 붙드는 애절한 소리, 프리아모스 왕이 며느리 헬레네를 위로하여 다독거리는 소리. 가보니 트로이엔 그들의 목소리가 없었다. 서사시 《일리아스》는 트로이의 성터보다 백 배, 천 배 많은 옛사람들의 이야기를 간직한 인류의 보고(寶庫)다.

사람이 지상에 머물다 갈 시간은 그렇게 길지 않다. "나는 죽어 '행복한 섬의 나라'로 갈 것입니다. 나는 그곳에서 우리의 영웅 아킬레우스와 오디세우스를 만날 것이며 우리의 시인 호메로스와 헤시오도스를 만나 담소를 즐기며 살 것입니다." 소크라테스는 그렇게 아테네 시민들에게 고별인사를 했다. 지구의 명승지를 다 보지 못하고 죽는 것이 아쉬운 일이듯, 책 속에 담긴 현자들의 음성을 모두 듣지 못하고 죽는다면 이것도 매우 안타까운 일일 것이다.

그대, 아직도 고전을 읽지 않았는가? 그렇다면 당신은 인생을 더 살아야 한다.

안광복이 묻고 황광우가 답하다

《철학 콘서트》는 2006년에 1권을 출간했고, 2017년이 11주년입니다. 그동안 30만 부가 판매되면서 철학의 대중화에 일조했다는 평을 들었습니다. 개정증보판을 기념해 황광우 작가와 안광복 선생(중동고 철학 교사)이 나눈 대담을 싣습니다.

문 : 선생은 2007년 봄에 중풍으로 쓰러졌습니다. 젊은 시절 오랜 기간에 걸친 수배와 그로 인한 정신적 스트레스, 불규칙한 생활이 원인이었을 것입니다. 어쨌나요?

답 : 하필이면 깊은 산속에서 쓰러졌어요. 구급차가 올라올 수 없는 높은 산속, 새벽 1시에 쓰러졌어요. 피가 통하지 않아 칼로 손가락과 발가락을 찢었어요. 3시간 이내에 병원에 가야 하는데 동이 트고서야 헬리콥터가 왔어요.

들것에 실려 동동 매달려 하늘을 날았지요.

문 : 젊은 시절 한시도 쉴 틈 없이 활동하다 어느 한순간 멈추었습니다. 절망감은 없었는지요?

답 : 신경 한 올이 막히니 손과 발이 마비되어버리데요. '무엇을 잘못하여 이 벌을 받고 있는가?' 돌아보았습니다. 병원에 누워 온종일 심수봉의 〈백만 송이 장미〉를 들었어요. 가사 그대로 "먼 옛날 어느 별"에서 나와 다시 "그립고 아름다운 내 별나라"로 가나 싶었습니다. 이대로 한 생이 끝나는 것으로 알았습니다. 1987년 서울 시청 광장에 모인 '백만 송이' 꽃이 그리웠습니다.

문 : 독자들의 리뷰를 읽어보면 작가 황광우의 삶에 대해 궁금해하는 독자들이 많았습니다. 정과리 평론가도 작가의 삶을 '풍찬노숙'과 '파란만장'이라는 용어로 정리하였는데요. 노동운동을 하면서 10여 년 수배 생활을 하였고, 여섯 개의 필명으로 집필 활동을 하였다면서요?

답 : 지난 1980년대엔 출판사 사장들이 옥고를 많이 치렀어요. 불법 서적을 출판했다는 이유죠. 우리들 역시 가명을 쓸 수밖에 없었습니다. 나의 저술인 경우 '정인'이라는 필명을 썼고, 번역서인 경우 '황인평'이라는 필명을 썼으며, 동료들과 함께 저술한 경우 '조민우'라는 필명을 썼어요. 지하 기관지에 투고할 때는 여자 이름을 썼습니다. '최윤희'였죠. 월간지에 투고할 때는 '이종수'라는 이름을 썼습니다. '황광우'라는 이름을 찾은 것은 1992년 이후였습니다.

문 : 《철학 콘서트 2》는 투병 중에 집필한 것입니다. 고난의 시기에 집필한 것이라 특별한 의미가 있을 것 같은데요.

답 : 쓰러지고 1년 동안 하루에 두 번씩 재활병원에 다녔습니다. 식욕이 떨어져 밥을 먹지 못했습니다. 내가 할 수 있는 것은 틈 나는 대로 아파트 주위를 뱅뱅 도는 일이었습니다. 돌면서 〈국민교육헌장〉을 큰 소리로 암송하는 거였어요. 집에 들어가면 책을 봤습니다만, 머리가 멍멍하여 아무것도 기억되지 않았습니다. 작가가 글을 쓰지 못하면 그의 사회적 생명은 끝나는 거지요. 이대로 나의 삶이 끝나는 줄 알았습니다.

다행히도 《철학 콘서트 2》의 절반가량을 쓰러지기 전에 써두었습니다. 〈코페르니쿠스〉와 〈갈릴레이〉, 〈뉴턴〉 편을 이전에 써두었습니다. 세 편 모두 자연과학에 관련된 꼭지들이지만 문체의 힘을 느낄 수 있을 것입니다.

호메로스의 《일리아스》를 뒤적였습니다. 어느 날이었어요. 아킬레우스가 아가멤논을 향해 칼을 빼는 장면이 돌연 떠올랐습니다. '콱 쑤셔, 말아?' 그 순간 아테나 여신이 아킬레우스의 머리채를 붙들고 호소하지요. 인간 심리에 나타나는 망설임은 양자(量子)의 겹침 현상이 아닐까 하는 아이디어가 떠올랐습니다.

이후 멍한 두뇌가 조금씩 맑은 두뇌로 바뀌어갔습니다. 두뇌 회전의 속도는 자판 치는 속도에 비례합니다. 왼손으로 자판을 치는 속도도 조금씩 향상되어갔어요. 《철학 콘서트 2》의 〈맹자〉 편과 〈세종〉 편은 오랫동안 제자들에게 강의하던 이야기라서 어렵지 않게 마무리할 수 있었습니다.

문 : 선생은 해외여행을 많이 하였다고 들었습니다. 심지어 투병 중이던 2008년 가을에도 유럽을 다녀왔지요. 여행은 어떤 의미가 있습니까?

답 : 여행은 느낌을 줍니다. 그곳의 햇살과 바람과 사람들의 눈빛은 가보지 않고는 느낄 수 없습니다. 책으로는 만질 수 없는 '그곳'의 속살을 만져보아야만 글에 생기가 돋습니다.

터키에 가면 '트로이 성터'가 있습니다. '트로이'를 가보고서야 《철학 콘서트 2》의 〈호메로스〉 편을 마무리할 수 있었습니다. 이스탄불과 차낙칼레와 에페수스를 여행하면서 새벽이면 들리는 이맘의 소리, '어서 알라께 와서 기도하자'는 호소는 가히 몽환적이었습니다. 〈무함마드〉 편을 쓸 힘을 얻었습니다. 에페수스 맞은편 바다에는 사모스 섬이 있습니다. 피타고라스의 고향이죠. 사모스의 바람과 햇볕을 맞으면서 피타고라스의 유학과 귀향을 상상하였습니다. 로마의 바티칸 궁전을 방문하여 〈아테네 학당〉을 보고서 〈아리스토텔레스〉 편을 구상하게 되었습니다.

문 : 《철학 콘서트 2》에는 철학자뿐 아니라 과학자들이 등장합니다. 이들의 공통점은 무엇이라고 생각하는지요?

답 : 나는 인간의 정신사에서 플라톤과 아리스토텔레스, 공자와 석가가 사유

의 초석을 놓았다면 코페르니쿠스와 뉴턴이야말로 혁명적 변화를 몰고 왔다고 봅니다. 칸트는 이 혁명적 변화를 철학으로 대변한 분이죠. 모두 사유의 새로운 장(場)을 연 분들입니다.

문 : 철학에 대해 회의적인 시각이 많습니다. 과학과 달리 철학은 개인의 삶에 직접적인 영향을 주지 못한다는 것입니다. 이런 회의적인 시각을 부추기는 요인 중의 하나는 '철학의 난해성'입니다. 일반 독자들은 철학 고전을 읽기 어렵습니다. 그래서 철학은 관념적이고 무익하다는 것입니다. 이런 시각에 대해 어떻게 생각하십니까?

답 : 두 가지를 말하고 싶습니다. '철학의 난해성'에 대한 일차적인 책임은 '번역의 조잡함'에 있습니다. 칸트와 헤겔의 경우 우리는 아직도 제대로 된 번역서조차 갖고 있지 못합니다. 우리는 번역서도 없으면서 논문을 쓰고 있어요. 우습지요.

철학이 왜 대중으로부터 외면을 당할까요? 철학이 대중을 외면하고 있기 때문입니다. 대중의 삶은 8할이 '경제와 과학'으로 이루어져 있습니다. 철학은 '경제와 과학'에 대해 말을 걸어야 합니다. 《철학 콘서트 1》에는 토머스 모어와 애덤 스미스와 카를 마르크스가 출연하며, 《철학 콘서트 2》에는 코페르니쿠스와 갈릴레이와 뉴턴이 출연합니다.

문 : 피타고라스는 '영혼의 윤회'를 주장했습니다. 피타고라스가 영혼의 윤회

를 주장한 배경은 무엇이라고 생각하십니까?

답 : 육체와 영혼을 나눈 것은 단순한 사건이 아닙니다. 몸과 혼을 구분한 것에는 매우 심오한 종교적·철학적 플롯이 작동하고 있습니다. 누구나 개체의 소멸 앞에서 공포감 혹은 불안감을 느낍니다. 이 공포감으로부터 자유로워지려면 어떻게 해야 할까요? 몸과 혼을 나누는 겁니다. '죽는 것은 몸이다. 혼은 영원하다'라고 생각하자는 거죠. 소크라테스의 아이디어인데, 소크라테스의 영혼을 거슬러 올라가면 피타고라스의 영혼이 나옵니다.

피타고라스의 윤회설이 한 사람의 고유한 창안인지, 아니면 이집트 신전에서 배운 재생설의 변주인지, 아니면 고대 인도의 힌두교로부터 받아들인 수입품인지 확인할 수 있는 자료가 없습니다. 분명한 것은 육체와 영혼의 이분을 전제하고, 사후 영혼이 떠돈다는 윤회설을 전제했을 때, 인간의 도덕적 삶과 삶의 목표를 명확하게 그리고 일관되게 제시할 수 있다는 거죠. 살아생전 훌륭하고 깨끗하게 살아야 영혼이 신 곁에 다가갈 수 있다는 이야기 말입니다.

문 : 그러면 이번에는 현실에 관한 물음을 드리겠습니다. 노동에는 정신노동과 육체노동이 있습니다. 이 중 아리스토텔레스가 육체노동을 천시한 것은 분명합니다. 육체노동을 노예에 속한 것으로 말하기 때문입니다. 이때 육체노동은 주로 먹고살기 위한 노동을 가리킵니다. 육체노동자를 천시하는 일은 결코 용납될 수 없지만, 선생께서 먹고살기 위한 노동을 인간의 본질적 특성이라고 말하는 것은 일면적이 아닐까요? 오히려 먹고살기 위한 노동에서 벗어나 보다 인간적인 활동이 중요시되는 지금의 시대에서 볼 때, 먹고살기 위한 육체노동을 강조하는 것은 재고해야 하는 것 아닐까요?

답 : 흥미로운 물음입니다. 노동이야말로 인간의 본성적 활동임을 강조한 카를 마르크스를 하루 12시간 일하는 공장의 컨베이어벨트 앞에 세워둔다면 어떤 반응을 보였을까요? 마르크스는 임금노동의 해방을 주장한 사람이지만 그가 만일 컨베이어벨트 앞에서 단 하루만 일하였다면 즉각적으로 '공장노동'의 폐지를 주장했을 것입니다.

마르크스의 노동은 인간이 자신의 본성을 실현하는 '의식적 창조 활동'입니다. 문제는 노동에 대한 추상적 이해와 구체적 관찰이 현저하게 다르다는 것입니다. 우리는 '노동의 현실적인 상태'를 연구하지 않습니다. 수만 종의 직업이 있습니다. 수만 종의 노동이 있습니다. 그 다양한 노동들의 구체적 조건을 조사하고 연구해야 합니다. 행복한 삶을 영위하기 위해 지금까지 계승되어온 '여러 노동들'이 어떻게 재편되어야 하는가? 애덤 스미스가 살아 있다면 아마도 이 물음에 대해 연구하지 않을까요?

문 : 흔히 유교 윤리의 기본이 삼강오륜에 있다고 합니다. 그런데 '삼강'과 '오륜'은 출처가 다르고 내용 또한 다르다고 생각합니다. 삼강과 오륜의 차이를 설명해주십시오.

답 : 삼강은 한나라의 동중서가 정리한 교리인 것으로 압니다. 고려 때 제작된 《명심보감》이 있습니다. 유소년들에게 지대한 영향을 미친 책이죠. 삼강이 《명심보감》의 〈입교〉 편에 실리면서 우리에게도 삼강이 유교의 최고 교리가 됩니다. 삼강은 《논어》에서는 찾아볼 수 없는 문구입니다. 오륜은 《맹자》에 등장합니다. 가만히 들여다보면 오륜은 삼강과 달리 인간의 수평적 상호관계를 말하고 있습니다.

문 : 코페르니쿠스는 세계관을 극적으로 전환시켰다고 했습니다. 코페르니쿠스의 태양중심이론은 철학사상에서 어떤 측면에 직접적 영향을 미쳤던 것일까요?

답 : 태양은 동쪽에서 떠서 서쪽으로 집니다. 선조들이 받아들인 상식적인 세계관입니다. 이것이 무너집니다. 인간의 시각을 믿을 수 없게 됩니다. 시각만이 아니라 감각 모두를 신뢰할 수 없게 됩니다. 그래서 데카르트는 감각 일체를 회의하였던 것입니다. 마찬가지로 흄 역시 자연법칙을 한낱 '습관의 반복'이라고 격하했죠. 서양의 근대 철학이 모두 '회의'에서 시작한다고 했을 때, 이 '회의'의 저변에는 '우주관의 회의'가 있었다고 나는 봅니다.

문 : 미국의 정치학자 새뮤얼 헌팅턴은 '문명의 충돌'을 예견한 바 있습니다. 인류의 평화를 위해서는 종교의 역할이 매우 중요하다고 주장하는 견해가 있습니다. 이런 견해에 대해 어떻게 생각합니까?

답 : 나는《꾸란》을 읽고 깜짝 놀랐습니다. 기독교와 가장 가까운 종교를 꼽으라면 그것은 이슬람교입니다. 나는 어려서 어머니와 함께 빈민촌에서 행해지는 부흥예배를 많이 목격했습니다. 목사님들의 지옥 설교는《성경》에 없습니다. 지옥의 원형은《꾸란》에 있었습니다. 새벽이면 일어나 기도하는 내 어머님은 기독교도가 아니라 이슬람교도였나 하는 착각이 들었습니다. 기독교와 이슬람의 화해는 세계사적 과제입니다.

문 : 훈민정음 창제를 세종 1인의 '비밀 프로젝트'라고 하는 것은 훈민정음 창제를 '신비화'하는 측면이 있다고 생각합니다. 집현전 학자들이 세종의 작업을 몰랐을 리가 만무합니다. 신하들은 훈민정음 창제에 대해 묵인했다고 보는데 이런 견해에 대해 어떻게 생각합니까?

답 : 임진왜란 때 소실되어버린 세종 대의《승정원일기》가 살아 있다면 이 질문에 대해 명쾌하게 해명해주었을 텐데요. 기록이 없으므로 우리는 추측할 수밖에 없습니다. 만일 훈민정음 창제 작업이 세종과 신하들의 공동 작업이었다면 훈민정음 창제 작업에 관한 기사가《실록》에 올라왔을 것입니다. 그런데 창제 과정에 관한 기사가《실록》에 없습니다. 이것이 의미하는 바가 무엇일까요?

문 : 훈민정음 창제 전후에 다수의 집현전 학자들이 동원되었습니다. 최만리는 집현전에서만 수십 년을 근무했고, 집현전 부제학까지 오른 인물입니다. 그런 그가 훈민정음의 창제 과정을 알지 못했다는 것은 납득하기 어렵습니다. 이런 점을 염두에 둔다면 최만리는 훈민정음의 용도가 변경되는 것에 반

대한 것이 아닌가 하는 추론을 하게 됩니다.

처음엔 백성들에게 한문을 가르치는 수단, 즉 '발음기호'를 만드는 것으로 생각하여 묵인했을 것입니다. 뚜껑을 열어보니 그게 아니었던 겁니다. 세종은 훈민정음을 '글자'로 사용하려 했던 것입니다. 그래서 최만리는 반대한 것이 아닐까요? 훈민정음을 창제하고 반포하기까지 3년이 걸렸다는 것은 '글자'로서 실험하는 기간이었다고 생각합니다. 이런 견해에 대해 어떻게 생각하십니까?

답 : 재미있는 추론입니다. '훈민정음의 용도 변경'에 대해서 반대한 것이라는 견해는 기발한 제안입니다. 그러니까 집현전 학자들은 《동국정운》이라는 한자의 발음 사전을 만들 것으로 보았다는 거죠. 발음기호로서 훈민정음 말이에요. 일리 있는 발상입니다.

참고문헌

Chapter 1 | 플라톤은 왜 호메로스를 질투했을까

- 《오디세이아》, 호메로스 지음, 천병희 옮김, 숲 발행, 2006.
- 《일리아스》, 호메로스 지음, 천병희 옮김, 숲 발행, 2007.
- 《The Iliad》, Homer, Robert Fagles trans., Penguin, 1998.
- 《The Odyssey》, Homer, Robert Fagles trans., Penguin, 1997.

Chapter 2 | "내게 배운 것을 발설치 마라"

- 《고대 철학》, 앤서니 케니 지음, 김성호 옮김, 서광사 발행, 2008.
- 《국가》, 플라톤 지음, 박종현 옮김, 서광사 발행, 1997.
- 《그리스철학자 열전》, 디오게네스 라에르티오스 지음, 전양범 옮김, 동서문화사 발행, 2008.
- 《서양철학사》, 버트런드 러셀 지음, 최민홍 옮김, 집문당 발행, 2012.
- 《인류 최초의 지식인, 피타고라스를 말하다》, 존 스트로마이어·피터 웨스트브룩 지음, 류영훈 옮김, 퉁크 발행, 2005.
- 《Pythagoras: A Life》, Peter Gorman, Routledge Kegan & Paul, 1978.

Chapter 3 | 이데아 제국을 격파하라

- 《니코마코스 윤리학》, 아리스토텔레스 지음, 천병희 옮김, 숲 발행, 2013.
- 《시학》, 아리스토텔레스 지음, 천병희 옮김, 숲 발행, 2002.

• 《정치학》, 아리스토텔레스 지음, 천병희 옮김, 숲 발행, 2009.
• 《형이상학》, 아리스토텔레스 지음, 김진성 옮김, 이제이북스 발행, 2007.

Chapter 4 | 왕에게 삿대질하는 노인

• 《맹자집주》, 맹자 지음, 성백효 역주, 전통문화연구회 발행, 1991.

Chapter 5 | 태양을 멈춘 사나이

• 《코페르니쿠스》, 바버러 A. 서머빌 지음, 이충호 옮김, 아이세움 발행, 2006.
• 《코페르니쿠스가 들려주는 지동설 이야기》, 곽영직 지음, 자음과모음 발행, 2010.
• 《투쟁과 승리의 별 코페르니쿠스》, 하인츠 슈폰젤 지음, 정홍섭 옮김, 과천자유학교 출판국 발행, 2008.
• 《On the Revolution of the Heavenly Bodies》, Copernicus, Charles Glenn Wallis trans., Britannica Great Books, 2007.

Chapter 6 | 갈릴레이가 의대를 중퇴한 까닭은?

• 《갈릴레이》, 로빈 S. 독 지음, 장석봉 옮김, 아이세움 발행, 2006.
• 《과학 고전 선집》, 코페르니쿠스 외 지음, 홍성욱 편역, 서울대출판부 발행, 2006.
• 《그래도 지구는 돈다》(상, 하), 갈릴레오 갈릴레이 지음, 이무현 옮김, 교우사 발행, 1997.

Chapter 7 | 순결한 15억 영혼의 지도자

• 《이슬람 문명》, 정수일 지음, 창비 발행, 2002.
• 《이슬람의 세계사》(1, 2), 아이라 라피두스 지음, 신연성 옮김, 이산 발행, 2008.
• 《코란》, 김용선 역주, 명문당 발행, 2002.

Chapter 8 | "전하, 통촉하시옵소서!"

• 《조선왕조실록》(웹 버전) http://sillok.history.go.kr.
• 《한 권으로 읽는 세종대왕실록》, 박영규 지음, 웅진지식하우스 발행, 2008.

Chapter 9 | 진리의 바닷가에 살았던 소년

- 《뉴턴과 아인슈타인》, 홍성욱·이상욱 외 지음, 창비 발행, 2004.
- 《Sir Isaac Newton》, S. Brodetsky, Upton Press, 1929.

Chapter 10 | 공자, 남녀상열지사를 편집하다

- 《신완역시경》, 김학주 역저, 명문당 발행, 2002.
- 《장성, 중국사를 말하다》, 줄리아 로벨 지음, 김병화 옮김, 웅진지식하우스 발행, 2007.

찾아보기

ㅎ